ANNO DOMINI

Das christliche Jahrbuch

ANNO DOMINI

Das christliche Jahrbuch

2025

33. Jahrgang

Agentur des Rauhen Hauses Hamburg

www.agentur-rauhes-haus.de

Begründet von Hans-Heinrich Holm †
Herausgeber: Robert Huefner

Gedruckt in Deutschland
ISBN 978-3-7600-6033-0
Best.-Nr. 16033-0

Inhalt

Gedanken zur Jahreslosung 2025

Schafft er das? Da springt ein Fisch aus einem Glas mit Wasser – und ist auf dem Weg in ein anderes, größeres. Ein Grund, warum Fische aus „ihrem Wasser" springen: Der Sauerstoffgehalt ist zu niedrig geworden. Also vielleicht geht die Geschichte ungefähr so: Der Fisch prüft sein eigenes Glas und Wasser. Er vergleicht es mit denen links und rechts und stellt fest: Ich könnte auch in einem größeren Glas mit sauerstoffreicherem Wasser mein Leben verbringen.

Ein Sprung aus dem Wasser kostet enorme Anstrengung und er kostet auch eine ganze Menge Mut, denn der Fisch könnte ja in der Luft von einer Katze gefressen werden oder neben das neue Glas springen. Und zuletzt: Ein Fisch springt nicht einfach so. Er muss die Entscheidung aktiv treffen.

„Prüft alles und behaltet das Gute!" – so lautet die Jahreslosung für 2025. Dieser Satz ist Teil eines Briefes, den der christliche Missionar Paulus, ungefähr im Jahr 50 n. Chr., an eine christliche Gemeinde in

Thessalonich geschrieben hat. Paulus wollte die Christ:innen mit seinem Brief vor allem ermutigen.
Und vielleicht wollte Paulus auch dazu ermutigen, manchmal wie dieser Fisch zu sein. Nach links und rechts schauen. Möglichkeiten erkennen. Mit etwas Mut eine Entscheidung treffen und die Anstrengung für eine Veränderung nicht scheuen.
Was ist das Gute für den Fisch? Er springt wieder in ein Glas – aber in ein anderes. Er springt wieder in Wasser, aber (hoffentlich) in Wasser mit ausreichend neuem Sauerstoff.
Veränderung heißt oft: Ich lasse etwas zurück. Und gehe in etwas Ungewisses. „Behaltet das Gute" heißt auch: „Behaltet das Ungute nicht". Mir fällt so etwas schwer. Aber ich erlebe auch immer wieder, dass ich bei Gott Kraft finde, um mit Schwung aus einem alten Glas heraus in ein neues zu springen. Gott nimmt mir die Entscheidung nicht ab, aber er schenkt mir Mut, sie zu treffen. Er hilft mir, über mein Wasserglas hinauszudenken. Wir können und dürfen mit Gott gemeinsam unser Leben immer wieder „überprüfen". Nach links und rechts schauen. In welchem Umfeld könnte ich auch leben? Was könnte mein Leben durch eine Veränderung positiv beeinflussen?
Die aus meiner Sicht größte Herausforderung ist in all dem: Was ist „das Gute", das ich behalten will (und soll)? Um diese Frage zu beantworten, muss ich mein aktuelles Glas und das Wasser, in dem ich schwimme, auf jeden Fall gut kennen. Mir muss bewusst sein, was ich zum Leben wirklich brauche. Das heißt also auch: Wer den Sprung ins Neue wagen möchte, der sollte das Alte/Bestehende gut kennen. Vielleicht könnte man das auch „bewusstes Leben" nennen? Ich bin mir bewusst, was ich zum Leben brauche. Mir ist bewusst, was mir guttut und was mir nicht guttut.
Ich erlebe immer wieder: Wir haben Gott in all dem an unserer Seite. Er ist mit uns im alten Glas, er springt mit uns und wartet auch schon im neuen Glas auf uns. Gott hilft uns, ehrlich zu prüfen. Bewusst zu leben. Entscheidungen zu treffen. Und immer wieder in neues, vor Sauerstoff sprudelndes Wasser hineinzuspringen.
Jonas Goebel

Januar

Zum wechselseitigen Gespräch
sind wir geboren.

Philipp Melanchthon

Wie Frauen die Gemeinde leiteten

Frauen in der Bibel

In der Bibel spielen Frauen meist eine Nebenrolle. Das hat mehrere Gründe: Es waren in der Regel Männer, die ihre religiösen Erfahrungen in den Schriften festhielten, und es waren Männer, die den Kanon der biblischen Bücher festgelegt haben. Sie lebten in patriarchal geprägten Kulturen. Für das Alte Testament gilt außerdem: Das Judentum setzte alles daran, sich gegen „weibliche" Fruchtbarkeitskulte abzugrenzen, die in Kanaan praktiziert wurden, während die jüdische Religion Gestalt annahm. Erschwerend kommt hinzu, dass die Bibelauslegung jahrhundertelang in Männerhand lag.

Dies illustriert eine reichlich bizarre Geschichte aus der antiken Lateran-Basilika in Rom. In einer Seitenkapelle des Baptisteriums befindet sich ein Mosaik aus dem 7. Jahrhundert, das neben Christus, Jüngern und Engeln unten im Zentrum eine stolz aufgerichtete Maria zeigt, die mit bischöflichen Insignien ausgestattet ist und ihre Hände zur Predigt erhoben hat. 1916 untersagte der Vatikan die Darstellung der Maria in liturgischen Gewändern. Kurz danach versperrte ein neobarocker Altar den Blick auf das Mosaik und ein Seil den Zugang. Ein Schelm, der Böses dabei denkt ...

Von der Spätantike bis ins 20. Jahrhundert haben Männer den Gläubigen erklärt, was in der Bibel wie zu verstehen ist. Dass es ihnen nicht darum ging, die Rolle der biblischen Frauen angemessen zu würdigen, liegt auf der Hand.

Gelegentlich erzählt die Bibel selbst von Frauen, die als Führungskraft auftreten, zum Beispiel Debora oder Hulda im Alten Testament, Richterin und Tora-Auslegerin die eine, bedeutende

Prophetin die andere. Beide werden ohne Wenn und Aber respektiert. Auch im Neuen Testament treten Frauen in wichtigen Leitungsfunktionen auf: Die Purpurhändlerin Lydia steht im makedonischen Philippi einer christlichen Gemeinde vor, Phöbe war Diakonin in Kenchreä bei Korinth (Apostelgeschichte 16,40 bzw. Römerbrief 16,1).

Der Befreiungstheologie und der feministischen Bibelwissenschaft der vergangenen fünf Jahrzehnte können wir es gar nicht hoch genug anrechnen, dass sie die Frauen in der Bibel mehr in den Fokus gerückt haben. Ihnen, den biblischen Frauen, ist das Jahresthema dieser Ausgabe von ANNO DOMINI gewidmet.

Martin Hüls

Im Baptisterium der Lateran-Basilika: Ein wuchtiger Altargiebel (zu sehen auf Seite 13) versperrt den Blick auf Maria als Predigerin (rechts). Wenn man sich zwischen Giebel und Halbkuppel zwängt, kann man sie sehen. Ihre Hände sind zur Predigt erhoben

Die leere Krippe

Zum Fest der Heiligen Drei Könige am 6. Januar

Einen weiten Weg hatten sie schon zurückgelegt, als sie auf ihrer beschwerlichen Reise durch die Karpaten an eine Haustür klopften. Babička, ein altes Mütterchen, öffnete die Tür. „Nanu, was seid ihr für merkwürdige Wandersleute?"

Die drei Könige blickten die Alte lächelnd an. „Wir suchen den Herrn der Welt", sagten sie. „Siehst du den Stern dort hinten? Dem folgen wir nach."

„Ach, den Herrn der Welt möchte ich auch besuchen. Nehmt mich mit, ihr Herren!"

„Gern", sagten die drei, „aber wir haben es noch weit. Morgen früh in der Dunkelheit müssen wir aufbrechen."

Babička wies den dreien ein Strohlager zum Schlafen an. Dann räumte sie auf, fütterte ihre Katze, fegte die Hütte aus, legte Holz nach und tat noch dies und das, als plötzlich der Hahn krähte. Die drei Könige machten sich bereit zum Aufbruch.

„Wartet noch", sagte Babička, die gerade ihre Tasche packte. „Ich habe kein Geschenk zum Mitbringen. Lasst mich noch ein Brot backen."

„So viel Zeit haben wir nicht", sagten die drei Könige, nahmen Abschied und ließen die Alte in ihrem Häuschen zurück.

Babička blickte ihnen bekümmert nach. Dann sagte sie zu sich selbst: „Wenn es wirklich der Herr der Welt ist, wird er mein Brot schon zu würdigen wissen." Also knetete sie den Teig, formte ihn zu einem Laib und backte ihn in ihrem Ofen. Das fertige Brot, es war ein kräftiges Schwarzbrot, duftete betörend. Babička knotete es in ein Tuch und marschierte den Königen hinterher.

Nach langen Monaten trat sie endlich in den Stall von Bethlehem ein. Aber die Krippe war leer, nur der Ochs stand noch herum und warf Babička einen freundlichen Blick zu. Enttäuscht wischte sie sich eine Träne von der Wange und legte ihr Brot in die verlassene Krippe. „Bist du der Herr der Welt", murmelte sie, „wirst du sicher wissen, dass ich gekommen bin." Dann legte sie sich erschöpft nieder.

In der Nacht wurde Babička von einer Stimme geweckt. „Ich bin das Christuskind", hörte sie. „Willkommen, gute Babička. Gib mir deine Hand und folge mir zu meinem Vater, dem Herrn der Welt." Babička gehorchte und trat an Jesu Hand mitten hinein in das Reich Gottes. Seither schenkt das Christkind den Kindern auf der Erde ein Schwarzbrot – zur Erinnerung an Babička, die die Krippe leer fand und trotzdem nicht zu spät kam.

Tschechische Legende

Nachruf auf eine Freundin

Am 20. Januar vor 80 Jahren starb Else Lasker-Schüler

Eine uralte Vergangenheit war es, die in Else Lasker-Schüler auflebte. Sie hätte Mirjam heißen und sein können, die einmal den jungen Moses im Binsenkörbchen bewachte, am Flusse des Niles. Immer spiegelte sich der geheimnisvolle Stern der Fruchtbarkeit in ihren dunklen Morgenlandaugen. Man konnte vergessen, dass sie eine Frau war, schwarz das Haar und bezaubernd sternbegabt. Sie konnte sich in einen jungen David verwandeln, der Psalmen singend vor der Bundeslade tanzt. Sie hat gezeigt, dass sie Seele, nur liebende Seele war.

Nicht weiß ich, ob es heute noch eine spezifisch jüdische Dichtung gibt. Ist dies der Fall, kann sie sich nicht strahlender und reiner zeigen als in Else Lasker-Schüler. Doch ist hier etwas, das über das Konfessionelle weit hinausgeht. Wie anders wäre es sonst möglich, dass uns die Dichterin so stark berührt? Sie betete, dichtete in der Harfensprache des Herzens, und dies ist der Klang, der uns bei Else Lasker-Schüler in seinen Bann zieht. Sie spannt den Bogen zwischen dem Alten und dem Neuen Testament. Wir erkennen und lieben die Brücke, die von einem Ufer zum andern führt.

Einmal wurde eine Nachfrage gehalten, ob es heute noch christliche Dichter gebe, da antwortete unter vielen andern auch Else Lasker-Schüler: „Ich habe schon als Kind die Tiefe des Judentums erkannt und aus den Lehren der Propheten vom unsichtbaren Gott erfahren und weiter im himmlischen Klang vernommen vom heiligsten Juden, Jesus Christus." Und ferner bekennt sie: „Wie ein Goldgräber nach Gold gräbt, so habe ich nach Gott gegraben und hoffe wert zu sein, aus dem Judentum zu stammen. Ihm entströmte Jesus Christus, der die Welt krönte und zum Mahle lud ..."

Aber wahre, wirkliche Kunst, was immer sie aufrufen und erheben mag, ist immer religiös, und es bedürfte nicht der Erörterung dieser Frage, wenn sie uns nicht bei Else Lasker-Schüler so naheliegen, aus ihren hebräischen Liedern zugleich das Christliche klingen würde.

Schon sehr früh wollte sie nach Jerusalem und hat mir oft davon erzählt, doch konnte ich die Notwendigkeit der Reise nicht einsehen. Sie war weltfremder als ein Märchen.

Sie ist aber doch nach Jerusalem gekommen und ist dort geblieben. Und ich kann und mag mir nicht vorstellen, dass sie dort etwa unter einem Himmel voller Rauch begraben liegt. Es wird, so hoffe ich, doch ein wenig blau über ihrem Tode blühen und viele Blumen über die geschlossenen Morgenlandaugen. Sie sagte einmal: „Ich suche allerlanden eine Stadt, / Die einen Engel vor der Pforte hat."

Und diesen Engel wird sie wenigstens im himmlischen Jerusalem gefunden haben.

Emmy Ball-Hennings

Gebet

Schließ um mich deinen Mantel fest

Ich suche allerlanden eine Stadt,
Die einen Engel vor der Pforte hat.
Ich trage seinen großen Flügel
Gebrochen schwer am Schulterblatt
Und in der Stirne seinen Stern als Siegel.

Und wandle immer in die Nacht …
Ich habe Liebe in die Welt gebracht –
Dass blau zu blühen jedes Herz vermag,
Und hab ein Leben müde mich gewacht,
In Gott gehüllt den dunklen Atemschlag.

O Gott, schließ um mich deinen Mantel fest;
Ich weiß, ich bin im Kugelglas der Rest,
Und wenn der letzte Mensch die Welt vergießt,
Du mich nicht wieder aus der Allmacht lässt
Und sich ein neuer Erdball um mich schließt.

Else Lasker-Schüler

Vordenker

Nachhaltigkeit mit John Ruskin

Der englische Schriftsteller und Sozialreformer John Ruskin (1819–1900) ist hierzulande – leider und zu Unrecht – völlig unbekannt. Ruskin war ein Multitalent: Kunsthistoriker, Theoretiker und Praktiker der Denkmalpflege, Sozialphilosoph. Als Wirtschaftsethiker ging er mit der zeitgenössischen politischen Ökonomie ins Gericht und war in diesem Punkt wichtiges Vorbild unter anderem für Mahatma Gandhi; er setzte sich für Arbeiter-Universitäten ein und entwickelte konkrete Vorschläge für gesündere Lebensverhältnisse – heute nennt man das „Wohnen in der Gartenstadt".

Ruskin besaß ein persönliches Siegel mit dem Motto des dreifachen „To-day" – aber viele seiner Überlegungen waren ihrer Zeit einfach voraus. Seine Kritik an der Ökonomisierung und Kommerzialisierung aller Lebensbereiche spricht mitten in unsere Gegenwart, ebenso wie seine Überlegungen zur ästhetischen Bildung und kreativen Erfahrung. Gelingendes Leben, Achtsamkeit – „weiser Verbrauch ist eine schwierigere Kunst als weise Produktion" –, das alles ist schon bei Ruskin zu finden, einem inspirierenden Schriftsteller, der es verdient hätte, entdeckt zu werden.

Nicholas Stoll

Zu Ruskins vielen Begabungen zählt auch der gekonnte Umgang mit Pinsel und Zeichenstift. Ansicht von Uri am Vierwaldstätter See, Bleistift, Aquarell und Gouache auf Papier, um 1858

Gott hat uns die Erde auf Lebenszeit verliehen; es ist ein großes Erb-Lehen. So gut wie uns gehört sie denen, die nach uns kommen, deren Namen bereits in das Buch der Schöpfung eingetragen sind; wir haben kein Recht, sie durch unser Tun oder Unterlassen in unnötige Strafen zu verwickeln oder sie der Vorteile, die ihnen zu vermachen in unserer Macht stand, zu berauben. Und das umso weniger, weil es der Arbeit des Menschen gesetzt ist, dass die Fülle ihrer Frucht im Gleichmaß steht zu der Zeit, die zwischen Saat und Ernte liegt, und dass im Allgemeinen das Maß unseres Erfolges voller und reicher sein wird, je weiter wir unser Ziel hinausstecken, je weniger wir selbst die Zeugen dessen, wofür wir arbeiten, zu sein begehren. Die Menschen können denen, die mit ihnen leben, nicht so wohltun wie denen, die nach ihnen kommen.

John Ruskin

Im Aktsaal der Berliner Akademie

Zum 175. Todestag von Johann Gottfried Schadow

Die Schüler sind bereits versammelt und jedes einzelnen Ernst und Aufmerksamkeit ist eine gesteigerte, denn der „Alte" ist eben eingetreten, um nach dem Rechten zu sehen. Dieser „Alte", ein Achtziger schon, aber immer noch ein Mann aus dem Vollen, schreitet langsam von Platz zu Platz und nur dann und wann bleibt er stehen und

Johann Gottfried Schadow (1764–1850) war der bedeutendste Bildhauer des preußischen Klassizismus. Sein bekanntestes und sicher auch schönstes Werk ist die „Prinzessinnengruppe" von 1795. Die hier abgebildete Gipsvariante steht in der Friedrichswerderschen Kirche (Bild rechts). Sie wirkt deutlich lebendiger als die spätere Marmor-Ausführung, die man, zehn Minuten Fußweg entfernt, in der Alten Nationalgalerie betrachten kann

blickt musternd über die Schulter der Zeichnenden. „Det is jut“, sagt er dem einen und klopft ihm, als Zoll der Anerkennung, mit seiner mächtigen Hand auf den Kopf. „Det is nischt“, sagt er zu dem andern und geht weiter. Ein dritter müht sich eben, den Umriss einer menschlichen Figur auf dem Papier festzuhalten, aber die Linien sind nicht sicher gezogen und die Proportionen sind falsch. Der Alte heißt ihn aufstehen, nimmt seinerseits Platz auf dem leer gewordenen Stuhl und sagt dann lakonisch: „Nu pass uff. Ich mach det so.“ Dabei nimmt er des Schülers Kreidestift, tupft Punkte mit fester Hand auf das graue, grobkörnige Zeichenpapier, und während er diese Punkte mittelst sicher gezogener Linien untereinander verbindet, brummt er vor sich hin: „Det hab ich von meinen Vater. Der war'n Schneider.“

Theodor Fontane

Februar

Von guten Mächten
wunderbar geborgen,
erwarten wir getrost,
was kommen mag.

Dietrich Bonhoeffer

„Mutter aller, die da leben"

Eva

In der Annäherung an die Gestalt der Eva betritt man einen Erzählraum, der mit Gerümpel vollgestellt ist. Eva als ewige Verführerin, als Türöffnerin für den Teufel und Erbsünden-Verantwortliche – all das hat eine durchweg männliche Theologie jahrhundertelang in die Paradiesgeschichte und ihr klägliches Ende hineingeschrieben. Dreingabe dieser „Beleidigungstradition" (Dorothee Sölle) war die Zweitrangigkeit der Frau gegenüber dem Mann und ihre angebliche sittliche und intellektuelle Minderwertigkeit.

Zum Erzählraum gehören Erzähler und Zuhörerschaft. Lange bevor die Theologenmänner auf die Welt kamen, haben die Menschen sich die Schöpfungsgeschichte erzählt und weitererzählt, wohlwissend, dass das Paradies ihnen für immer verschlossen ist. Konfrontiert waren sie mit der verwirrenden Frage, wie denn das, was ihr (und unser) Leben so beschwert, überhaupt in diese Welt gekommen ist, die Gott selbst doch „sehr gut" genannt hat.

Hier tritt die eigentliche Pointe des Sündenfalls zutage: Nicht Gott, sondern die Menschen selbst haben sich durch ihren folgenreichen Fehltritt Feindschaft, Mühsal, Schmerzen, Kummer, Herrschaft, Schweiß und Tod (1. Mose 3,15 ff.) eingehandelt. Damit gilt es nun umzugehen. Natürlich erwartet die Menschen in ihrem Leben noch etwas ganz anderes, auch das eine Folge des Sündenfalls: Die Fähigkeit, ethisch zu handeln. Die Menschen haben „das moralische Uebel" in die Schöpfung eingetragen, „aber nur um das moralisch Gute darin möglich zu machen", wie es Friedrich Schiller in seiner berühmten Vorlesung „Etwas über die erste Menschengesellschaft" von 1789 darstellt.

Es bleibt die Frage, welche Rolle Eva bei der Vertreibung aus einem selig-unmündigen Naturzustand und dem Übergang des Menschen zur Humanität in der Bibel zugeschrieben wird. Zunächst: Gott schafft Mann und Frau als sein Ebenbild. Im ersten Schöpfungsbericht werden sie durch sein Wort ins Leben gerufen, im zweiten wird er „handwerklich" tätig. Beide begegnen einander auf Augenhöhe. An diesem Befund ist nicht zu rütteln. Gottes Plan, er wolle dem Menschen „eine Hilfe [bis zur Bibelrevision 1984: „Gehilfin"] machen, die ihm entspricht", war zwar der Männerwelt Beweis genug, dass Gott eine Art Zugehfrau für den Mann im Sinn hatte. Doch das hebräische „ezer" ist eine Hilfe „von oben" und wird in anderen Bibelstellen für Gott gebraucht. Es ist also eine höchst qualifizierte Hilfe, die dem Mann entspricht. Mehr noch: Im Gegenüber – als der männliche Mensch erfreut feststellt, dass der weibliche Mensch Bein von seinem Bein und Fleisch von seinem Fleisch ist – entwickelt er erst ein Bewusstsein seiner selbst. Am Du werde der Mensch zum Ich, hat der Religionsphilosoph Martin Buber einmal geschrieben.

Der klassische Sündenfall. Ob der Affe auch aus dem Paradies geflogen ist, bleibt im Dunkeln. Kalksteinrelief von Ludwig Krug, 1514

Der Unterschied zwischen Mann und Frau im Paradies wird erst in ihrem Handeln deutlich. Er ist Nutznießer und Opfer ihrer Initiative. Nicht er, sondern sie nimmt am allerersten Disput teil, von dem die Bibel berichtet; nicht er, sondern sie lernt im Verlauf des Gesprächs mit der Schlange, dass die Menschen eben doch nicht an Erkenntnis wie an einer Krankheit sterben. Nicht er, sondern sie trifft die erste echte Entscheidung, die nach Auskunft der Bibel je ein Mensch getroffen hat.

Gottes Handeln bleibt in einiger Hinsicht rätselhaft. Weshalb spricht er ein Verbot aus, das ein Wissen verhindert, welches nötig gewesen wäre, um dieses Verbot zu befolgen? Weshalb lässt er seine Geschöpfe nach der Verkostung der verbotenen Frucht nicht sterben, wie er es angekündigt hatte? Und was ist der wirkliche Grund für den Rauswurf aus dem Paradies? Der Ungehorsam der Menschen? Seine Sorge, sie könnten übermütig werden und als Nächstes vom Baum des Lebens kosten, der sie dann wirklich unsterblich machen würde? Oder ist es, wie die Abfolge der biblischen Verse in 1. Mose 3,8-13 nahelegt, die fehlende Bereitschaft von Mann und Frau, ihre Verantwortung für ihre eigenen Taten zu erkennen (und zu bekennen)?

Wie dem auch sei – die Neugier auf Dinge, die ein Leben verändern, der Eintritt in ein selbst verantwortetes, wiewohl stets gefährdetes Leben und die Einsicht in die Ambivalenz der Erkenntnis sind dem Handeln der Frau zuzurechnen. Der Name Eva – „Mutter aller, die da leben" (1. Mose 3,20) – wird ihr übrigens erst außerhalb des Paradieses zugesprochen.

Gott macht den beiden Röcke von Fellen. Er gibt sie nicht einfach auf, sondern ist immer noch um sie besorgt. Nun werden sie lernen müssen, dass sie sich mit Ausreden wie „Die Frau gab mir von dem Baum" oder „Die Schlange betrog mich" (1. Mose 3,12) nicht durchs Leben schlawinern können, wenn sie ein Leben in Freiheit und Verantwortung führen wollen. Auch das gehört zum Reifungsprozess dazu, und damit sind Adam und Eva plötzlich ganz nah bei uns. Eva vielleicht ein bisschen näher.

Claudia Margraf

Alles Müller oder was?

Warum es so viele davon gibt

In Deutschland führt der Name Müller die Liste häufiger Nachnamen unangefochten an. Zählt man den niederdeutschen Moeller und den bayerischen Miller dazu und ergänzt sie um die naheliegenden Varianten wie Möllemann oder Müller-Lüdenscheidt, kommt man auf rund 700 000 Personen. Bremen und Bremerhaven würden nicht ausreichen, sie alle zu beherbergen.

Warum es so viele Müllers gibt? Die meisten unserer Familiennamen leiten sich von Berufsbezeichnungen ab. Früher gab es deutlich mehr Müller als Schmiede (heute meist Schmidt), Bäcker (Becker), Bauern (Huber), von Papst, Kaiser und König ganz zu schweigen.

Warum so viele Menschen den Beruf des Müllers ausübten, liegt auf der Hand: Bis zur Einführung der Kartoffel ernährten sich die Menschen überwiegend von Getreidebrei und Brot. Das frühere Vollkornmehl hatte zwar wertvolle Inhaltsstoffe, doch enthielt es hoch ungesättigte Fettsäuren, die es schnell ranzig werden ließen. Also mahlte man immer nur den Mehlvorrat für ein paar Tage. Sehr viele Mahlgänge bedeuteten: sehr viele Müller.

So viele, dass der Schriftsteller Walter Mehring, ein Künstlerkollege von Kurt Tucholsky, dem Namen ein bitterböses Denkmal gesetzt hat. 1934 schrieb er die Romansatire „Müller. Chronik einer deutschen Sippe". Sie handelt von einem Oberlehrer Dr. Müller, der wie seine deutschen Landsleute einen Ariernachweis zu erbringen hat. Die Recherchen führen ihn bis in die Römerzeit zu einem Ahnen aus dem germanischen Volksstamm der Ubier, der als Lustknabe an einen römischen Legaten verkauft und unter dem (latinisierten) Namen Millesius ins römische Heer eingegliedert

Bei Wilhelm Busch muss man sich vor dem Müller in Acht nehmen. Mutwillig bringt er hier einen Esel zu Tode und weidet sich am Unglück seines Besitzers …

wird. Dieser Millesius hat eine ausgeprägte Neigung zu Trunksucht und Gewalttätigkeit, am liebsten aber exerziert er auf dem römischen Kasernenhof. Seine Nachfahren sind rein zufällig immer zur Stelle, wenn sich Weltgeschichte auf deutschem Boden ereignet, und handeln bis in die Gegenwart hinein nach dem Motto „nur nicht auffallen". „Jeder Müller", so der Erzähler des Romans, „hat stets den Anschauungen seiner Zeit gehuldigt. Keiner von ihnen ist verantwortlich für seine Taten und Worte." – Den Nationalsozialisten hat die Satire nicht gefallen, aber Mehring konnte ihnen mit viel Glück knapp entkommen.

Zurück zum Beruf des Müllers oder besser: seinem Ruf. Der war so untadelig nicht. Bis in die Neuzeit stand der Müller im Verdacht einer besonderen Nähe zum Lehnsherrn, denn der hatte das alleinige Recht, den Titel des Pacht- oder Erbmüllers nach Gutdünken zu vergeben. Hinzu kam der Mühlenzwang: Der Landesherr bestimmte, wo die Leute mahlen lassen mussten. Der Müller genoss ein Privileg, das ihm nicht nur häufig ein sehr einträgliches Geschäft sicherte, sondern ihn auch noch von seinem Umfeld absonderte – sozial wie auch topografisch, denn eine Mühle stand außerhalb der Ortschaft an einer windexponierten Stelle oder an einem Wasserlauf. Für Windmühlen galt: Wenn Wind ging, musste gemahlen werden, auch nach Feierabend oder an Feiertagen. All

… der auf seinem nächtlichen Rachefeldzug den Bock durchsägt und die Mühle umstürzt. „Racksknacks! Da bricht die Mühle schon, / Das war des bösen Müllers Lohn."

das machte den Müller schon ein wenig verdächtig. Wer am Feiertag mahlt – ist der nicht vielleicht mit finsteren Mächten im Bunde? Wenn eine Mühle durch eine Mehlstaubexplosion in die Luft flog, war das Beweis genug. Und wer einen Sack Getreide zur Mühle geschleppt hat und nach dem Mahlvorgang mit einem Säckchen Mehl abgespeist wird – muss der nicht glauben, dass da Betrug im Spiel ist? Ein „Betrugs-Lexicon" von 1721 behauptet, dass die Müller „an verborgenen und bedeckten Orthen heimliche Neben-Beutel führen, wodurch das Meel auf die Seiten, in ihre Diebs-Löcher fället". Und ein Sprichwort sagt: „Was ist des Müllers größtes Glück? Dass die Säcke nicht reden können." Na also!

Um dem Namen Müller zum Schluss Gerechtigkeit widerfahren zu lassen: Es gibt und gab natürlich auch ganz unbescholtene Müllers, darunter große Berühmtheiten: Jede Generation bringt mindestens einen Müller hervor, der in der Fußball-Bundesliga spielt; es gibt einen (mit ue), der ein berühmter expressionistischer Maler gewesen ist, und eine hat gar den Literaturnobelpreis bekommen. Andere führen ein ganz normales Leben und arbeiten als Lehrerin oder Lokführer oder tragen Zeitungen aus. Oder schreiben in aller Stille einen Artikel über ihren Namen, den sie um nichts in der Welt eintauschen möchten.

Friederike Müller

Der schönste Unfall

Eine Liebeslebensgeschichte zum Valentinstag

Milla und Marian haben sich im Krankenhaus kennengelernt. Sie lag im Flur, weil sonst kein Platz war. Meniskus. Er wurde eine Stunde später neben sie geschoben. Schlüsselbein.

Sie hatte sich abseits der Piste kurz hingehockt und erleichtert. Dabei kamen die Skier ins Rutschen und sie sauste quer über die Piste, kreischend und lachend, die Hände wollten bremsen, aber nur die Büsche auf der anderen Seite hielten sie vom Fels fern.

Marian also im Bett neben ihr. Der Gang dazwischen. Hastige Pflegerinnen dazwischen. Armbinde. „Wie das?", fragt Milla. Er schweigt, dann gibt er sich einen Ruck. „Das glauben Sie nicht."

Sie: „Na, jetzt will ich es aber wissen!" Er lacht. „Ich bin die Leitnerpiste normal runter, nicht mal schnell, da rast mir eine Frau in der Hocke halb nackt vor die Füße. Ich dachte, ich spinne. Dann lag ich irgendwo, die Schulter im Eimer."

Sie schweigt. Dann lacht sie. „Was gibt's da zu lachen?" – „Sorry, das war ich."

Im selben Jahr sieht man sie vorm Altar. „Dein Wort ist Leuchte für unsere Füße und Licht auf unsrem Weg." – „Das war der schönste Unfall unseres Lebens", sagen beide. Aber dabei soll es bitte auch bleiben. Deswegen dies Bibelwort aus Psalm 119.

Sie pachten eine Almhütte, im Sommer für die Wanderer, im Winter für die Ski-Leute. Ungeplant das erste Kind, so früh platzt es in ihre Startphase. „Naja", sagen sie, „gehen wir halt mit Kind weiter – wird schon für irgendwas gut sein." Aber leicht ist es nicht.

Sie werden bekannt für ihre nächtlichen Läufe. Wer üben will, wie man sich am Berg zurechtfindet, ist bei ihnen richtig. Sie starten sommers um drei Uhr nachts und laufen mit den Mutigen durchs Dunkle. Man sieht nur, was vor den Füßen liegt. Bei Mond mehr. Jeder hat eine eigene kleine Lampe.

Sie lehren die Leute, nur das zu beachten, was direkt vor ihnen liegt. Kein Gipfelblick, der entmutigen könnte – nur der nächste Schritt ist wichtig. Alle sind verwundert, wenn sie plötzlich oben ankommen und bei Sonnenaufgang das große Licht sehen. Juchzer, Umarmungen. „Wenn ich gewusst hätte, wie hoch das ist, wär ich unten geblieben", sagt eine, „aber so, Schritt für Schritt, konnte ich es.

Als Milla und Marian etwas klappriger werden, kommen ihre beiden Söhne oft auf die Hütte und übernehmen die Nachtläufe. „Wer weiß, wozu es gut ist" – der Seufzer beim ersten Kind. Spätestens jetzt wissen sie es. Weitergehen, so weit man sehen kann, das genügt auf den großen Strecken. „Leuchte für unsere Füße." Nicht Leuchte für alles, nur fürs Nächste.

Thomas Hirsch-Hüffell

Pilgern vor der Haustür

Das Heilige Grab in Görlitz

Angeblich. Dieses Wort muss an den Anfang gesetzt werden, denn die Geschichte, die hier zu erzählen ist, beginnt mit dem historisch nicht gesicherten Verdacht, dass Georg Emmerich aus Görlitz, geboren 1422, die Nachbarstochter Benigna Horschel geschwängert hat. Georgs Vater, der Bürgermeister von Görlitz, versprach eine Kompensationszahlung von 800 Rheinischen Gulden, löste das Versprechen aber nie ein, sondern sorgte stattdessen dafür, dass sein Sohn, mit vierzig Jahren nicht mehr der Jüngste, für die Öffentlichkeit sichtbar Reue bezeugte. Er schickte ihn auf Pilgerschaft nach Jerusalem, wo Georg 1465 zum Ritter des Heiligen Grabes geschlagen wurde. Von seinen Sünden freigesprochen, kehrte er zurück nach Görlitz. Im Reisegepäck hatte er Zeichnungen unter anderem von der Grabkapelle und allerhand Notizen zum Kreuzweg, den Leidensstationen Jesu.

Was auch immer er damit vorhatte, geriet über den rastlosen Aktivitäten, die er nun entfaltete, in Vergessenheit. Georg trat in die Fußstapfen seines Vaters und wurde fünfmal Bürgermeister. Er erwarb Häuser und Güter in Görlitz sowie zahlreiche umliegende Dörfer samt Ackerland und hörigen Bauernfamilien. Der „ungekrönte König von Görlitz", wie ihn Luther einmal nannte, muss ein Ausbund an Rücksichtslosigkeit gewesen sein. Nicht nur zerstritt er sich mit vielen Geschäftspartnern, sondern er schaffte es auch noch, mit seinem Testament Zwietracht unter den Erben zu säen. Der Ritterschlag in Jerusalem hat wohl nicht lange nachgewirkt.

In seinen letzten Lebensjahren hat er seine Jerusalemer Notizen dann wieder hervorgekramt. Auslöser war ein Déja-vu: Beim

Die Heilig-Grab-Kapelle links ist eine genaue verkleinerte Kopie des Grabes Christi in seiner damaligen Gestalt. Unten die Grabkammer mit einem später eingebauten Steinsockel

Lustwandeln vor der Stadt entdeckte er ein Terrain, das dem, was er aufgeschrieben hatte, exakt entsprach. Es gab eine Erhebung, die aussah wie der Olivenhain Gethsemane, und sogar die Lunitz schlängelte sich genau wie der Bach Kidron durch die Landschaft. So zumindest kam es Emmerich vor.

Was dann geschah, ist historisch belegt und heute noch zu besichtigen: Bis 1504 ließ Emmerich ein religiöses Gesamtkunstwerk errichten, das in Deutschland zu den am besten erhaltenen Anlagen seiner Art gehört. Ob sich Emmerich damit einen Platz im Himmelreich erkauft hat, ist nicht überliefert, aber sicher hat er so manchem Görlitzer Pilger aus einer Verlegenheit geholfen. Niemand musste mehr für teuer Geld nach Jerusalem ziehen, wo doch das Heilige Land nun vor den Toren von Görlitz lag: Adams- und Golgathakapelle, Salbungskapelle, Heilig-Grab-Kapelle, ein Ölberg, eine Jüngerwiese, kurzum: eine Via Dolorosa in der Lausitz!

Peter Cordtmann

„Nicht zaudern und schwanken"

Zum 100. Todestag von Friedrich Ebert am 28. Februar

Am 11. Februar 1919 wurde Friedrich Ebert zum ersten Reichspräsidenten der Weimarer Republik gewählt. Am Anfang seiner Amtszeit standen dramatische Krisenjahre mit Putschversuchen und Hyperinflation. Als Ebert 1925 starb, hatte sich die erste deutsche Demokratie vorübergehend stabilisiert. Dies verdankte sie nicht zuletzt seinem energischen Einsatz für die Verständigung der gemäßigten Kräfte in Arbeiterschaft und Bürgertum. Was ihm allerdings wiederum Gegnerschaft von zwei Seiten eintrug: Den Linken galt er als Verräter der Arbeiterklasse, die Rechten denunzierten ihn als Verzichtspolitiker. Als Reichspräsident war er in über 200 Beleidigungsprozesse verstrickt, zuletzt wehrte er sich gegen eine Verleumdungsklage, die ihn, das kann man so sagen, das Leben kostete. Im Alter von nur 54 Jahren starb er qualvoll an den Folgen einer verschleppten Blinddarmentzündung.

Vor seiner Wahl zum Reichspräsidenten hatte Ebert die Nationalversammlung mit einer Rede eröffnet, deren letzte Sätze im Horizont der Weimarer Klassik aufgingen. Weimar als Versammlungsort war mit Bedacht gewählt, Berlin war zu unruhig, und den Siegermächten wollte man signalisieren, dass es noch ein anderes Deutschland gab als das des preußischen Militarismus. „Wir müssen die großen Gesellschaftsprobleme in dem Geiste behandeln, in dem Goethe sie im zweiten Teil des ‚Faust' ... erfasst hat", rief Ebert den Männern (und den wenigen Frauen) im Parlament zu, „nicht zaudern und schwanken, sondern mit klarem Blick und fester Hand ins praktische Leben hineingreifen!" Heute gelesen, klingen diese Sätze wie ein schlimmes Fanal: Faust will den totalen Umbau

Unter den vielen Denkmälern in Deutschland, die an Ebert erinnern, verdient eines besondere Aufmerksamkeit: das Ebert-Rathenau-Erzberger-Mahnmal in Osnabrück, 1928 im Bauhaus-Stil errichtet. Quader, Kreissegment und Quadrat, die in ihrem Zusammenspiel einen Zug nach vorn, in die Zukunft, andeuten: eine Demokratie im Werden

der Welt und nimmt die Zerstörung der Tradition, eines der Fundamente aller Kultur, billigend in Kauf. Und was er geschaffen hat, bleibt bedroht. „Ein Sumpf zieht am Gebirge hin, / Verpestet alles schon Errungene", klagt der Gescheiterte kurz vor seinem Tod.

Fausts großes Werk endet im Morast. Acht Jahre nach Eberts Tod begannen die Nationalsozialisten mit dem totalen Umbau der Gesellschaft und stürzten die ganze Welt in einen entsetzlichen Krieg. Ein Schritt auf dem Weg in die Katastrophe war die Wahl von Hindenburg als Eberts Nachfolger. Danach kam nur noch Hitler.

Horst Hufinck

März

Die Barmherzigkeit Gottes
ist wie der Himmel,
der stets über uns fest bleibt.
Unter diesem Dach
sind wir sicher,
wo auch immer wir sind.

Martin Luther

Rechte und Pflichten

Tamar

Anfangs lief alles glatt für Tamar. Juda, einer der zwölf Söhne des biblischen Stammvaters Jakob, machte sie zur Ehefrau seines ältesten Sohnes Ger. Bald nach der Hochzeit starb Ger, weil, wie die Bibel lakonisch sagt, er Gott missfiel. Nach den Regeln der Schwagerehe war nun Onan, der nächste Sohn Judas, an der Reihe: Er sollte seinem verstorbenen Bruder einen männlichen Nachkommen verschaffen, damit der Familienbesitz erhalten blieb und die Witwe Tamar durch einen Sohn versorgt war, der der Familie dann vorstehen würde. „Aber da Onan wusste, dass die Kinder nicht sein Eigen sein sollten, ließ er's auf die Erde fallen und verderben, wenn er einging zu seines Bruders Frau", das heißt: Er entschied sich für den Koitus interruptus. Was wiederum Gott erneut missfiel, sodass er ihn sterben ließ. Juda bekam es mit der Angst zu tun. Wenn er seinen dritten Sohn Schela zur Schwagerehe verpflichtete, würde der vielleicht auch noch sterben? Er spielte auf Zeit. Unter dem Vorwand, Schela wäre noch nicht alt genug, schickte er Tamar in ihr Vaterhaus zurück. Tamar war nun nichts weiter als eine mittellose Witwe, die in Abhängigkeit von ihrer Familie lebte, eine geduldete Kostgängerin, die angewiesen war auf den guten Willen der Männer in ihrem Umfeld, insbesondere ihres Schwiegervaters Juda. Bis zu diesem Zeitpunkt war sie nur ein Objekt der handelnden Personen. Aber das sollte sich ändern.

Tamar ergreift die Initiative. Als sie erfährt, dass ihr Schwiegervater zum Schafescheren vorbeikommen würde, legt sie ihre Witwenkleider ab, hüllt sich in einen Schleier und setzt sich an

Siegel, Schnur und Stab wechseln den Besitzer. Kupferstich von Gerard Hoet, um 1700

den Wegesrand. In vielen Nacherzählungen wird Tamar unterstellt, mit ihrer Maskerade habe sie sich als Straßenhure oder als Tempelprostituierte verkleidet. Aber das gibt der Bibeltext nicht her. Ein Schleier ist kein Zeichen, an dem man Prostituierte erkennen kann, sondern er dient in diesem Fall schlicht dem Zweck, dass Juda Tamar nicht erkennen soll. Dass Juda in Tamar eine Prostituierte vermutet, steht auf einem ganz anderen Blatt. Er ist auf ein Schäferstündchen aus, und als sie fragt, was er ihr dafür geben wolle, nennt er ein Zicklein aus seiner Herde als Preis für den Liebesdienst. Auch hier ist eine Korrektur vieler Nacherzählungen nötig: Tamar verlangt keinen Preis, wie es so häufig zu lesen ist, sondern sie fragt, was sie Juda wert ist. Auf sein Angebot geht sie gar nicht erst ein, sondern verlangt ein Pfand: Siegel, Schnur und Stab – die Insignien, an denen man einen Mann eindeutig erkennen kann. Heute würde Tamar den Personalausweis einbehalten.

Gesagt, getan, Tamar ist Juda zu Willen, zieht anschließend wieder ihre Witwenkleider an und tut so, als sei nichts gewesen. Und ist schwanger. Juda möchte das Pfand auslösen und sendet seinen Freund Hira los – mit dem Zicklein, das er ursprünglich als Bezahlung angeboten hatte, also immer noch im Glauben, er habe mit einer Straßenhure verkehrt. Hira wiederum fragt überall nach einer Tempelhure, aber vergeblich. Niemand hat eine gesehen, weil ja auch keine da war. Hätte Hira nach einer verschleierten Frau gefragt, wäre er vielleicht fündig geworden.

Juda, der den Skandal fürchtet, gibt den Verzicht auf seine Insignien bekannt. Da braut sich ein ganz anderer Skandal zusammen, denn drei Monate später wird ihm zugetragen, dass seine Schwiegertochter Tamar, die Witwe, Hurerei getrieben habe. Juda verfügt, dass sie öffentlich verbrannt werden soll. Und nun kommt Tamars Stunde: Sie präsentiert Siegel, Schnur und Stab und erklärt: „Von dem Mann bin ich schwanger, dem dies gehört."

Juda gibt zu, dass er im Unrecht war, weil er Tamar seinen Sohn Schela vorenthalten hat. Tamar bleibt nicht nur am Leben, sondern an Judas Seite, auch wenn die Bibel sagt: „Doch wohnte er ihr nicht mehr bei."

Tamars Plan – von dem die Bibel nichts ankündigt, sondern der erst in ihrem Handeln nach und nach zutage tritt – geht auf, weil sie Juda mit ihrer Verkleidung getäuscht hat; das ist richtig. Aber sie arbeitet nicht mit schmutzigen Tricks. Sie weiß, dass sie nur im Rahmen der Stammespolitik von Juda eine Chance hat, und die ergreift sie, indem sie männliche Begierde und männliche Voreingenommenheit für ihre Sache nutzt: wieder in ihr Recht gesetzt zu werden, das Juda ihr verweigert hat.

Tamar bringt Zwillinge auf die Welt. Einer von ihnen, Perez, begründet die Linie, aus der David und später Jesus abstammt. Tamar ist eine seiner Stammmütter. Mehr Auszeichnung geht nicht.

Reinhard Jensen

Frauensolidarität weltweit

Vor 99 Jahren wurde der Weltgebetstag ins Leben gerufen

Am ersten Freitag im März feiern Frauen auf der ganzen Welt den Weltgebetstag – inzwischen in über 170 Staaten. In diesem Jahr sind die Cookinseln Weltgebetstagsland: das erste Land überhaupt, in dem Frauen wählen durften. Weit verstreut im Pazifischen Ozean gelegen, sind die Cookinseln seit 60 Jahren unabhängig, wirtschaftlich mit Neuseeland assoziiert und vom Anstieg des Meeresspiegels massiv bedroht. „Ich danke dir dafür, dass ich wunderbar gemacht bin": Psalm 139,14 bildet den biblischen Kontext für die Gottesdienstordnung, Gebete und andere liturgische Texte, die auf den Cookinseln entwickelt worden sind und weltweit eingesetzt werden.

Vorbereitung, Organisation und kreative Gestaltung bleiben auch in Deutschland in Frauenhand. Männer sind als Gäste willkommen. Über alle konfessionellen und nationalen Grenzen hinweg soll das Anliegen des Weltgebetstags sichtbar werden: „Informiertes Beten und betendes Handeln" – ein Stück gelebte Frauensolidarität.

Markus Wernitzer

Urerinnerungen

Aus den Nachgelassenen Blättern

Weit zurück in dem leeren Nichts ist etwas wie Wonne und Entzücken, das gewaltig fassend, fast vernichtend in mein Wesen drang und dem nichts mehr in meinem künftigen Leben glich. Die Merkmale, die fest gehalten wurden, sind: es war Glanz, es war Gefühl, es war unten. Dies muss sehr früh gewesen sein, denn mir ist, als liege eine hohe, weite Finsternis des Nichts um das Ding herum.

Dann war etwas anderes, das sanft und lindernd durch mein Inneres ging. Das Merkmal ist: es waren Klänge.

Dann schwamm ich in etwas Fächelndem, ich schwamm hin und wieder, es wurde immer weicher und weicher in mir, dann wurde ich wie trunken, dann war nichts mehr.

Diese drei Inseln liegen wie feen- und sagenhaft in dem Schleiermeere der Vergangenheit, wie Urerinnerungen eines Volkes.

Die folgenden Spitzen werden immer bestimmter, Klingen von Glocken, ein breiter Schein, eine rote Dämmerung.

Ganz klar war etwas, das sich immer wiederholte. Eine Stimme, die zu mir sprach, Augen, die mich anschauten und Arme, die alles milderten. Ich schrie nach diesen Dingen.

Dann war Jammervolles, Unleidliches, dann Süßes, Stillendes. Ich erinnere mich an Strebungen, die nichts erreichten, und das Aufhören von Entsetzlichem und Zugrunderichtendem. Ich erinnere mich an Glanz und Farben, die in meinen Augen, an Töne, die in meinen Ohren, und an Holdseligkeiten, die in meinem Wesen waren.

Immer mehr fühlte ich die Augen, die mich anschauten, die Stimme, die zu mir sprach, und die Arme, die alles milderten. Ich erinnere mich, dass ich das „Mam" nannte.

Als Erzähler versucht Stifter, sich Bild für Bild an die Grenze dessen heranzutasten, was einer aus seiner frühen Kindheit erinnern kann. Mit dem Zeichenstift ist er ähnlich vorgegangen: Strich für Strich ertastet er behutsam die Textur eines Felsbrockens. Kreidezeichnung aus Lackenhäuser, Bayerischer Wald von 1863. Hintergrundbild: Wolkenstudie, undatiertes Aquarell

---

Diese Arme fühlte ich mich einmal tragen. Es waren dunkle Flecken in mir. Die Erinnerung sagte mir später, dass es Wälder gewesen sind, die außerhalb mir waren. Dann war eine Empfindung, wie die erste meines Lebens, Glanz und Gewühl, dann war nichts mehr.

Adalbert Stifter

Wer hat's erfunden?

Aus der Schweiz in die ganze Welt.

Wer kennt es nicht: Drei halb nackte Finnen lutschen nach der Sauna genüsslich Bonbons und versichern sich gegenseitig ihrer Begeisterung über die tolle finnische Rezeptur. Da kommt ein kleiner aufgeregter Mann herbeigerannt, zupft hektisch an den Handtüchern der Saunagänger und fragt drohend: „Wer hat's erfunden?" – Verlegene Antwort: „Die Schweizer!" – „Wer genau?" – „Die von Ricola."

„Wer hat's erfunden?" ist die Erfindung einer Hamburger Werbeagentur. Natürlich ist Ricola trotzdem eine Urschweizer Angelegenheit. Das Unternehmen *Ri*chterich *Co*mpagnie *La*ufen in Baselland mit Tochterfirmen in der ganzen Welt ist mindestens so bekannt wie sein akronymes deutsches Gegenstück *Ha*ns *Ri*egel *Bo*nn.

Seit ihrer Gründung 1930 hat die Firma nach eigenen Angaben kein Jahr erlebt, in dem sie nicht schwarze Zahlen geschrieben hätte. Kernprodukt ist nach wie vor *der* Schweizer Kräuterzucker. „Dreizehn Kräuter aus der Schweiz befreien dich vom Hustenreiz", lautete die Werbung in den Sechzigerjahren. Natürlich mit Pfefferminz, Salbei und Holunder, aber auch mit Frauenmantel und Ehrenpreis. Alles von Schweizer Bergbauern geliefert. Im Preis inbegriffen ist damit auch immer ein kleines Stück heile Bergwelt mit duftenden Wiesen, frischer Luft und Kuhglockengebimmel. Die

Eigentümer heißen immer noch Richterich, inzwischen in vierter Generation, das operative Geschäft wird aber längst außerhalb der Familie besorgt.

„Wir sind nicht Red Bull", hat ein älterer Richterich einmal gesagt. Wer nicht Red Bull ist, kann sich auch in der heutigen Werbewelt auf Slogans wie „Chrüterchraft" (2013–2018) verlassen: Kräuterkraft = nachhaltig, bodenständig, gesund.

Man kann hier aber auch innovativ sein. In der Historie der Firmenumsätze gab es ziemlich lange starke Schwankungen: viel Umsatz im Winter, wenig Umsatz im Sommer. Das hing mit dem Hustenbonbon-Image zusammen. Im Sommer verlangt es die Kundschaft nach Erfrischung. Dafür gibt es mitterweile die Produktlinie Bonbons mit Zitrusfrüchten.

Wer sich durch die breite Produktpalette von Bonbons, Kaugummi und Tee durchgelutscht, -gekaut und -getrunken hat, kann jederzeit zurückkehren zum Original: dem Schweizer Kräuterzucker, diesen herrlichen braunen Klumpen, die neben Toblerone und Taschenmesser in der ganzen Welt für die Schweiz stehen und deren Rezept vor 95 Jahren erfunden wurde.

Tatjana Fiegel

Das unscheinbare „Kräuterzentrum" in Laufen ist in Wirklichkeit eines der größten Lehmgebäude der Welt. Geplant wurde es vom Basler Architekturbüro Herzog und de Meuron, dem wir auch die Elbphilharmonie in Hamburg verdanken

Was reimt sich nun?

(K)Ein Sonett

Bey meiner Treu es wird mir angst gemacht:
Ich soll geschwind ein rein Sonnetgen sagen,
Und meine Kunst in vierzehn Zeilen wagen,
Bevor ich mich auff rechten Stoff bedacht;

Was reimt sich nun auff agen und auff acht?
Doch eh ich kann mein Reim-Register fragen,
Und in dem Sinn das ABC durchjagen,
So wird bereits der halbe Theil belacht.

Kann ich nun noch sechs Verse dazu tragen,
So darff ich mich mit keinen Grillen plagen:
Wolan da sind schon wieder drey vollbracht;

Und weil noch viel in meinem vollen Kragen,
So darff ich nicht am letzten Reim verzagen,
Bey meiner Treu das Werck ist schon gemacht.

Johann Burkhard Mencke

Aufgeschlagen neben dem Bett steht das Reim-Register des armen Poeten in Carl Spitzwegs gleichnamigem Gemälde. Der Papierhaufen vor der offenen Ofentür, betitelt mit „Operum meorum fasciculum III", lässt allerdings nichts Gutes hoffen. „Das dritte Bündel meiner Werke" bekommt nie jemand zu lesen, weil es vorher verfeuert wird. Der UNESCO-Welttag der Poesie, der seit 25 Jahren am 21. März begangen wird, hätte Spitzwegs Dichter sicherlich kaum aus seiner Malaise geholfen. Seine Poesie landet im Ofen. Da ist es auch fast schon egal, ob der arme Poet mit der Rechten einen Reim skandiert oder (bei Spitzweg kann man sich da nie ganz sicher sein) einen Floh betrachtet, den er gerade gefangen hat

April

Am Ende der Suche
und der Frage nach Gott
steht keine Antwort,
sondern eine Umarmung.

Dorothee Sölle

Inbegriff der Liebe

Die Frau in Betanien

Alle vier Evangelien erzählen mit unterschiedlicher Akzentuierung von der Salbung in Betanien. Im ältesten Bericht von Markus (14,3-9) und im zweitältesten von Matthäus (26,6-13) trägt die Person, die die Handlung einleitet, nicht einmal einen Namen. Eine Unbekannte betritt in Betanien das Haus, in dem sich Jesus mit seinen Jüngern aufhält. Sie bringt ein Alabastergefäß mit kostbarem Nardenöl mit, zerbricht es und gießt den gesamten Inhalt auf Jesu Haupt.

„Was für eine Verschwendung!", fangen die Jünger an zu schimpfen, das Salböl hätte man besser verkauft und das Geld unter die Armen verteilt. Aber Jesus fährt ihnen in die Parade: „Was bekümmert ihr die Frau?", fragt er die Jünger. „Sie hat ein gutes Werk an mir getan. Denn ihr habt allezeit Arme bei euch, mich aber habt ihr nicht allezeit."

Das Werk der Frau in Betanien deutet Jesus als symbolische Vorwegnahme seiner eigenen Totensalbung. Überhaupt scheint ihr Tun ihm so bedeutsam, dass er den Jüngern einschärft: Man wird sich an sie erinnern. Dabei hat sie nicht einmal einen Namen.

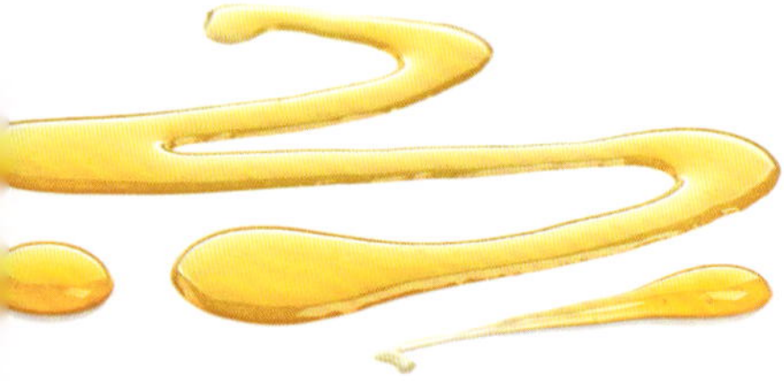

Was sie tut, ist höchst anstößig. Die Frau ist ja nicht mal eingeladen.

Und doch verschafft sie sich Zutritt zum Haus. Es ist das Haus von Simon dem Aussätzigen, das Haus eines Unberührbaren, und doch berührt sie einen der Anwesenden. Als die Jünger sich gegen sie wenden, hält sie nicht inne, lässt sich nicht beirren. Sie liefert keine Begründung für das, was sie tut. Überhaupt spricht sie kein Wort, sondern handelt stumm.

In einem fort verstößt sie gegen die guten Sitten. Die guten Sitten sind männergemacht. Dass sich nun eine Frau darüber hinwegsetzt, macht den Regelverstoß umso schlimmer.

Was treibt die Unbekannte an? Behelfen wir uns mit einem Gedicht von Angelus Silesius: „Die Ros ist ohn' Warum, / sie blühet, weil sie blühet. / Sie acht' nicht ihrer selbst, / fragt nicht, ob man sie siehet."

Genau wie die Rose, die Blume der Liebe, fragt auch die Unbekannte nicht nach Gründen, denkt nicht an sich selbst, ist nicht auf ihre Außenwirkung bedacht – ganz selbstvergessen geht sie in ihrem Tun auf.

Was sie tut, widerspricht dem uralten Satz vom zureichenden Grund – „Nichts geschieht ohne Begründung!" –, der uns tief in den Knochen steckt. Wir wissen, was wir tun. Wir fragen, was es kostet. Entscheidend ist, was es bewirkt, wofür es gut ist und wofür nicht. Versicherungsdenken, Berechnung, Zweckrationalismus: All das verkörpern die Jünger, die in ihrer ziemlich spießigen

Rechtschaffenheit natürlich irgendwo auch recht haben. Nur eben jetzt und hier nicht, sagt Jesus. Jetzt und hier gibt die Frau alles, was sie hat und was sie ist. Sie setzt ein Zeichen für die Kostbarkeit des Lebens, feiert und würdigt es.

So etwa, steht zwischen den Zeilen zu lesen, können wir uns Gottes Liebe vorstellen – hingebungsvoll, bedingungslos, voraussetzungslos. So erklärt sich auch Jesu Prophezeiung, einer seiner berühmten und wichtigen „Wahrlich"-Sätze: „Wahrlich, ich sage euch: Wo das Evangelium gepredigt wird in der ganzen Welt, da wird man auch das sagen zu ihrem Gedächtnis, was sie getan hat." (Markus 14,9) – Sie, die namenlose Unbekannte aus Betanien.

Regina Kroll

Plaudertanten

Der Frühling ist die Jahreszeit der Fenster

Mir gegenüber ist die Wand mit den vielen Fenstern. Oh, ich wusste nicht, was Fenster sind, den ganzen Winter über, da sie kaum bemerktes, nebensächliches Zubehör der Wand waren und, mattgehaucht vom Frost, winterschlafende Existenzen lebten.

Nun aber weiß ich, was Fenster sind: Offenbarungen fremder Leben und Tode, geschwätzige Nachbarschaft, Plaudertanten. Ich unterhalte mich sehr gern mit den Fenstern. Der Frühling ist die Jahreszeit der Fenster. Am Nachmittag sind sie alle weit offen. Es ist ein altes Haus drüben, und die Fenster öffnen sich nicht vornehm-reserviert nach innen, sondern auswärts. Es sieht aus, als ob die Wand ein Dutzend gläserner Flügel ausgespannt hätte, um plötzlich – hast du nicht gesehn! – auf und davon zu flattern. Manchmal, wenn ein Wind sich in dem Lichthof verfängt, dreht sich ein Fensterflügel, oder eine Scheibe zerschmettert mit mächtigem Geklirr in der Tiefe. Dann dreht sich eine Frauenstimme kreischend in rostigen Angeln. Manchmal kommt ein Leierkasten in den Hof. Dann öffnen sich die Fensterflügel weit und sagen: Bitte, bitte sehr!

Im ersten Stock ist die Wohnung entschieden am schönsten. In der Fensternische starrt Rhododendron, ein silbernes Vogelhaus überschattend, und ein Kanarienvogel wetzt seinen Schnabel an den Käfigstäbchen. Es ist ein zahmer Kanarienvogel, mit einem kleinen Häubchen auf dem Kopf. Am Morgen bekommt er Vogelfutter, und dann zwitschert er wohlerzogen ein Morgenlied aus dem Lesebuch. Etwa: Die liebe Sonne ist erwacht; oder so. Quer über dem Tisch prunkt ein weiß gestickter Tischläufer aus rotem Peluche. Er hat immer ein paar Falten, denn die Kinder haben die

üble Gewohnheit, die Ellenbogen aufzustützen, während sie den Kanari Gedichte aufsagen hören. Die Mutter trägt einen geblumten Schlafrock und Pantoffeln und streicht den ganzen Tag besänftigend über den Tischläufer. Dann plättet er sich. Einmal schickte ich ihr zwei Reißnägel mit einer Gebrauchsanweisung für den Tischläufer. Aber sie glättet ihn immer noch. Der Vater kommt abends nach Haus und spielt mit seiner Frau Domino in Hemdsärmeln. Wenn sie so am Tisch einander gegenübersitzen, jeder die Steine vor sich, ängstlich vor dem Blick des andern, haben sie sehr viel Hass und Feindschaft gegeneinander. Und die Bitterkeit einer zehnjährigen Ehe glotzt mit schwarzen Augen aus weißglatten „Doppelfünfern".

Im dritten Stock wohnt ein Grammophon. Es ist nur ein Zimmer mit zwei Fenstern. Und das einzig Lebendige ist das Grammophon. Ich habe noch nie einen menschlichen Laut aus dem dritten Stock gehört. Das Grammophon steht auf einer Konsole, sein weißer Trichter mit rundem, unerhört großem Mund schreit

Jubel und Wehmut in den Hof hinaus. Vielleicht wohnen auch noch Menschen in dem Zimmer. Vielleicht. Der Herr ist sicher das Grammophon. Das einzige Organ, mit dem die Menschen leben, die vielleicht dort wohnen.

Im vierten Stock, just mir gegenüber, wohnt eine grauweiß getigerte Katze, die sich ein ältliches Mädchen hält. Die Katze sitzt den ganzen Tag am Fensterbrett. Wenn das Mädchen nicht pünktlich nach Hause kommt, wird sie ungehalten. Sie sieht jedes Mal nach der Wanduhr. Und wenn es sechs geschlagen hat und das Mädchen noch nicht zu Hause ist, stellt sich die Katze auf alle viere und fuchtelt mit dem Schwanz. „Ich werde sie am Ersten entlassen", denkt die Katze.

Den ganzen Tag über sehe ich durch die offenen Fenster. Geheimstes wird mir offenbar. Ich unterhalte mich sehr gern mit den Fenstern.

Joseph Roth

Dem, der Sterne macht, zum Ruhme

Die Traubenhyazinthe

Angenehmes Frühlingskindchen,
Kleines Traubenhyacinthchen,
Deiner Farb' und Bildung Zier
Zeiget mit Verwundrung mir
Von der bildenden Natur
Eine neue Schönheitsspur.
An des Stengels blauer Spitzen
Sieht man, wenn man billig sieht,
Deiner sonderbaren Blüt
Kleine blaue Kugeln sitzen,
Dran, solange sich ihr Blatt
Noch nicht aufgeschlossen hat,
Wie ein Purpurstern sie schmücket,
Man nicht sonder Lust erblicket.
Aber wie von ungefähr
Meine Blicke hin und her
Auf die offnen Blumen liefen,
Konnt ich, in den blauen Tiefen,
Wie aus himmelblauen Höhen,
Silberweiße Sternchen sehen,
Die in einer blauen Nacht,
so sie rings bedeckt, im Dunkeln,
mit dadurch erhöhter Pracht
Noch um desto heller funkeln.
Ihr so zierliches Gepränge,
Ihre Nettigkeit und Menge,

Die die blauen Tiefen füllt,
Schiene mir des Himmels Bild,
Welches meine Seele rührte,
Und durch dieser Sternen Schein,
Die so zierlich, rein und klein,
Mich zum Herrn der Sterne führte,
Dessen unumschränkte Macht,
Aller Himmel tiefe Meere,
Aller Welt und Sonnen Heere,
Durch ein Wort, hervorgebracht;
Dem es ja so leicht, die Pracht
In den himmlischen Gefilden
Als die Sternchen hier zu bilden.
Durch dein sternenförmig Wesen,
Gibst du mir, beliebte Blume,
Dem, der Sterne macht, zum Ruhme,
Ein' Erinnerung zu lesen,
Dass wir seiner nicht vergessen,
Sondern in den schönen Werken
Seine Gegenwart bemerken,
Seine weise Macht ermessen,
Und sie, wie in jenen Höhen,
So auf Erden auch zu sehen.

Barthold Hinrich Brockes

Auferstehung

Zum Osterfest am 20. April

Sie zählten dich unter die Missetäter
sie beschlossen deinen Tod
sie gruben dich ein

Doch es ging auf die gefährliche Saat
das unzerstörbare Leben
das brachte den Stein ins Rollen

Sie wollten dich unter die Erde bringen
aber
sie brachten dich unter die Leute

Lothar Zenetti

Alte Auferstehungsbilder zeigen nicht nur ein Ereignis, sondern erzählen Geschichten: Im Hintergrund links Golgatha mit den drei nun leeren Kreuzen; rechts hinten sieht man die Gestalten der drei Frauen, die zum Grab gehen, um den Leichnam zu salben. Sie werden den Engel antreffen, der vorn gerade die Steinplatte zur Seite räumt, damit Christus aus dem Grab herauskommen kann. Hans Memling, Auferstehung Christi, Mitteltafel eines Flügelaltars, Öl auf Holz, um 1490

Mai

In allen Belangen sonst
braucht es ein Maß,
ausgenommen
in der Liebe.

Marguerite Porète

„Kommt in mein Haus"

Lydia

Auf der zweiten Missionsreise des Paulus erreicht das Christentum in Makedonien europäischen Boden, und der erste getaufte Mensch ist eine Frau: Lydia, die Purpurhändlerin in Philippi. Ihr sind katholische und evangelische Gedenktage gewidmet, die orthodoxe Kirche verehrt sie als „apostelgleich", am mutmaßlichen Ort ihrer Taufe wurde eine Gedenkstätte errichtet. Viel Ehre für wenige Bibelzeilen: Apostelgeschichte 16,13-15 und 40. Was steht drin?

Philippi ist eine römische Kolonie auf griechischem Boden und bedeutende Handelsstadt. Verschiedenste Kulturen und Religionen treffen hier aufeinander. Paulus und Silas gehen am Sabbat zum Flussufer außerhalb der Stadt, wo sie eine jüdische Gebetsstätte vermuten. Dort treffen sie auf eine Gruppe von Frauen, darunter die „Frau mit Namen Lydia", die vorgestellt wird als „Purpurhändlerin aus der Stadt Thyatira, eine Gottesfürchtige". Wenige Worte und doch für eine Nebenperson eine bemerkenswert detailreiche Einführung.

„Lydia" ist in der Antike kein Name, sondern eine Herkunftsbezeichnung. Die Stadt Thyatira liegt in Lydien, einer Landschaft in der heutigen Türkei, und ist bekannt für Textilwirtschaft und Purpurfärberei. So ist auch Lydia eine Purpurhändlerin. Purpurfarbene Stoffe waren teuer und daher einer wohlhabenden Kundschaft vorbehalten. Händler müssen rechnen und disponieren können, sie brauchen auch eine gewisse Kapitalbasis für Einkauf, Lagerung, Transport. Lydia war also eine qualifizierte berufstätige Frau.

Aufschlussreich ist auch der Begriff „Gottesfürchtige". Gemeint ist in diesem Zusammenhang *der eine* Gott, der Gott Israels.

Der Ort, an dem Lydia wahrscheinlich getauft wurde, ist heute ein Anziehungspunkt für Touristen

„Gottesfürchtige" lebten nach jüdischen Glaubensregeln, ohne aber vollständig zum Judentum überzutreten. Dieser Religionsgruppe gehörten überwiegend Frauen an, die ihren Glauben selbstständig praktizierten – daher die Frauengruppe am Flussufer. Wesentlich ist: Als „Gottesfürchtige" ist Lydia mit dem Glaubenshintergrund der Paulus-Verkündigung vertraut, ein wichtiger Vorteil gegenüber den Heiden ringsum.

Lydia also hört zu, was Paulus über Leben und Lehre von Jesus zu berichten hat, und ihr „tat der Herr das Herz auf, sodass sie darauf achthatte, was von Paulus geredet wurde". Nicht nur „hören", sondern „achthaben" ist also die Grundlage des weiteren Geschehens: hören mit dem Herzen. Ohne Umschweife lässt sie sich taufen, und zwar „mit ihrem Hause", das heißt mit allen Familienmitgliedern und Hausbediensteten. Auch dies lässt aufmerken, denn Hausvorstand ist stets der Mann, das heißt: Hier gibt es keinen. Lydia ist unverheiratet oder verwitwet. Auch in ihrer Rolle als Hausherrin zeigt sich ein ungewöhnliches Maß an Selbstbestimmtheit für eine Frau in dieser Zeit.

Mit der erfolgreichen Bekehrung ist die Geschichte von Lydia aber noch nicht etwa zu Ende. Sie ist entschlossen, Paulus und Silas nicht einfach ziehen zu lassen, denn anschließend „bat sie uns und sprach: Wenn ihr anerkennt, dass ich an den Herrn glaube, so kommt in mein Haus und bleibt da. Und sie nötigte uns." Sie *bat*, ja sie *nötigte uns*: Lydia zeigt große Willensstärke und schreckt selbst vor moralischem Druck nicht zurück: *Wenn* ihr wirklich überzeugt seid, dass ich es ernst meine mit dem Christenglauben, *dann* zeigt es und seid meine Gäste!

Dabei ist diese Einladung auch aus sachlichen Gründen durchaus eine gute Idee. Denn die Missionare sind, wie die weitere Entwicklung zeigt, in Philippi nicht gern gesehen: „Diese Menschen … verkünden Sitten, die wir weder annehmen noch einhalten dürfen …" Paulus und Silas werden geschlagen und ins Gefängnis geworfen. Es folgt die bekannte dramatische Befreiungsgeschichte durch ein Erdbeben. „Da gingen sie aus dem Gefängnis und gingen zu der Lydia. Und als sie die Brüder und Schwestern gesehen und sie getröstet hatten, zogen sie fort." Lydias Haus ist hier bereits zum sicheren Hafen geworden, der Treffpunkt der entstehenden Gemeinde. Eine Gemeinde, die blühen und gedeihen wird, wie später der Philipperbrief des Paulus verrät. Von hier erhält er auch besondere finanzielle Unterstützung. Ob Lydia daran beteiligt war?

Kein Zweifel, Lydia ist eine spezielle Frau. Warum wird gerade sie zur ersten Christin Europas? Gerade in diesem Speziellen deuten sich Antworten an: Lydia ist aus vielerlei Gründen eine „Randständige". Es beginnt schon damit, dass sie am *Rand* der Stadt ihren Glauben pflegt. Sie ist keine Römerin, keine Griechin, keine Jüdin. Fern der Heimat, eine Fremde, und als solche bekannt und benannt: „die Lydierin". Und selbst als Frau ist sie „anders": ohne Ehemann, stattdessen berufstätig. Nirgends gehört sie wirklich dazu. Kein Wunder, dass sie mit Freude zu Jesus gehören will, zu den Brüdern und Schwestern im Christenglauben. So öffnet sie ihr Herz, ihr Haus, ihr Leben, und mit der Tatkraft der Geschäftsfrau wird sie sofort aktiv. Der neue Glaube, bisher unstet über Land getragen, wird damit geerdet und kann Wurzeln schlagen. Und eine Entwurzelte findet ein Zuhause.

Astrid Meinbrok

Die beste Frau

Am 12. Mai ist Muttertag

Jede Mutter hofft, dass ihre Tochter einen besseren Mann bekommt, als sie selber, und ist überzeugt, dass ihr Sohn niemals eine so gute Frau bekommen wird wie sein Vater.

Martin Andersen Nexö

Mütter sind Engel mit offenen Armen.
Sie versprechen, immer für uns da zu sein und uns zu trösten. Sie unterstützen uns und haben ein offenes Ohr für uns. Mütter sind einfach wunderbar und der Muttertag ist ein schöner Anlass, sie zu feiern!

Amtsgesicht und Aktenschichten

Ein Überlebenskünstler im Staatsdienst

Zwischen Akten, dunklen Wänden
Bannt mich, Freiheitsbegehrenden,
Nun des Lebens strenge Pflicht,
Und aus Schränken, Aktenschichten
Lachen mir die beleidigten
Musen in das Amtsgesicht.

Als an Lenz und Morgenröte
Noch das Herz sich erlabete,
O du stilles heitres Glück!
Wie ich nun auch heiß mich sehne,
Ach, aus dieser Sandebene
Führt kein Weg dahin zurück.

Als der letzte Balkentreter
Steh' ich armer Enterbeter
In des Staates Symphonie,
Ach, in diesem Schwall von Tönen
Wo fänd' ich da des eigenen
Herzens süße Melodie?

Ein Gedicht soll ich euch spenden:
Nun, so geht mit dem Leidenden
Nicht zu strenge ins Gericht!
Nehmt den Willen für Gewährung,
Kühnen Reim für Begeisterung,
Diesen Unsinn als Gedicht!

Joseph von Eichendorff

Mit dem Namen Eichendorff verbinden wir romantische Sehnsucht und eine gehörige Portion katholische Frömmigkeit. Darüber darf man aber nicht vergessen, dass er fast 30 Jahre lang der preußischen „Staatssymphonie" als „Balgtreter" diente und als subalterner Beamter mit medizinischen, militärischen und kirchlichen Angelegenheiten befasst war

Meinen Christum, deinen Christum

Zum Tod des Reformators Thomas Müntzer vor 500 Jahren

Geschichte wird immer von den Siegern geschrieben, sagt ein Sprichwort. Im innerreformatorischen Streit mit Luther war Müntzer der Verlierer. Ergriffen von einem apokalyptischen Furor, wollte er eine endzeitliche Entscheidungsschlacht herbeiführen und ist kläglich gescheitert. Die zusammengerufenen bewaffneten „Haufen" von Bauern, denen er für die Zeit nach ihrem Sieg ein tausendjähriges Reich der Freiheit und Gerechtigkeit in Aussicht stellte, starben zu Tausenden am 15. Mai 1525 auf dem Schlachtfeld von Frankenhausen. Müntzer selbst wurde gefoltert und am 27. Mai öffentlich hingerichtet.

Nicht nur Müntzer glaubte, dass er einen prophetischen Auftrag von Gott hatte, auch Luther wusste sich auserwählt: „Ich weiß aber, dass wir, so wir das Evangelium haben und kennen, den rechten Geist haben." Luther, der in Müntzers Theologie die Raserei des Satans am Werke sah, hat Jahre nach dessen qualvollem Tod einmal bekannt: „Also ich hab Müntzern getödtet; des todt liegt auff meim hals. Ich hab es aber darum gethan, denn er wollte meinen Christum tödten."

Meinen Christum. Luthers Christus war Müntzer zu „leicht" geworden, zu billig zu haben. Damit ist Müntzer erstaunlich dicht dran an Bonhoeffers Kritik der „billigen Gnade", einer „unerschöpflichen Vorratskammer der Kirche, aus der mit leichtfertigen Händen bedenkenlos und grenzenlos ausgeschüttet wird; Gnade ohne Preis, ohne Kosten" (Bonhoeffer, Nachfolge). Bei Müntzer liest sich das so: „Nein, lieber Mensch, du musst erdulden und wissen, wie dir Gott selber dein Unkraut, Disteln und Dornen aus deinem ...

Herzen reutet. Auch wenn du schon die Bibel gefressen hättest, hilft dies nicht – du musst den scharfen Pflugschar erleiden." Wer es ernst meint mit der Nachfolge, muss auch den bitteren Christus annehmen; er muss bereit sein, zu leben wie er, muss ohne Wenn und Aber seine Netze verlassen wie Petrus oder sofort alles verkaufen, was er hat, wie es der reiche Jüngling dann doch nicht tut. Oder wie Bonhoeffer für seine Überzeugung in den Tod gehen. Das ist starker Tobak, aber das ist eben, bei aller Verkürzung, das Evangelium, wie Müntzer es ausgelegt hat.

Aber seine Theologie hat noch eine andere Seite, die uns heute näherliegt als die Luthers. Die Lektüre mittelalterlicher Mystiker führte Müntzer zu der Einsicht, dass jeder Mensch Erleuchtung durch den Heiligen Geist erfahren kann. Gegen Luthers Lehre, nach der Gott nur in der Schrift und den Sakramenten wahrgenommen werden könne, ging Müntzer von einem göttlichen Offenbarungshandeln aus, das seine Fortsetzung jetzt und hier im Herzen aller Menschen findet. Damit stellte er unter anderem das Auslegungsmonopol der „Gelehrten, die immer oben sitzen wollen" infrage.

Natürlich birgt dieses weitgefasste Verständnis vom allgemeinen Priestertum das Risiko einer „Unordnung in der Gemeinde", wie es in den Handbüchern für Kirchenvorstände so schön heißt. Andererseits: Wer sich als Laie in einem evangelischen Gottesdienst-Team engagiert, erlebt nicht selten, dass besorgt nach „dem Pfarrer" gefragt wird. Weiß er, weiß sie eigentlich, was hier getrieben wird? Ist das auch alles theologisch vertretbar? Der Luther in unserem Kopf wünscht die Beglaubigung durch eine Autoritätsperson. Etwas weniger Luther und etwas mehr Müntzer würde der Sache vielleicht guttun: Das Priestertum aller Glaubenden erhält seine Inspiration weniger durch die Paragrafen von Gottesdienstreglements, sondern vor allem durch das Vertrauen auf Gottes Begleitung.

Antje Rommel

Völlig losgelöst von der Erde

Am 29. Mai feiern wir Christi Himmelfahrt

Großes hatte die niederländische Stiftung „Mars One" vorgehabt: eine Himmelfahrt zum Mars. Ihr Angebot: ein Ticket für eine einfache Fahrt, also one-way. Die Raumfahrer sollten eine dauerhafte Siedlung auf dem Mars errichten. Inzwischen ist es ruhig geworden um die Stiftung; offenbar ist ihr finanziell die Puste ausgegangen. Für das harte Training, das der Mission vorangehen sollte, hatten sich gleichwohl Tausende junge Menschen gemeldet. Dass sie die letzte Reise ihres Leben angetreten hätten und eines Tages auf dem Mars gestorben wären, hat sie nicht abgeschreckt.

Was erhoffen sich Menschen von einem endgültigen Abschied von ihrem irdischen Leben? Ist es Abenteuerlust? Fliehen sie vor etwas, vor Schuld oder Schulden oder vor ihrer Vergangenheit?

Ein typischer Glücksritter-Gedanke, so wie bei den Millionen Menschen aus Europa und Asien, die seit gut 500 Jahren in die Neue Welt ausgewandert sind. Oder wie bei den Raumfahrtpionieren,

die vor über 50 Jahren den ersten Menschen ins Weltall schossen. Ganz neu anfangen, das Alte hinter sich lassen.

Der Mars ist nicht allein der Himmel, aber ein Teil von ihm. Wie war das vor 2000 Jahren? Haben sich Jesu Jünger gefreut, als sie Jesus gen Himmel fahren sahen? Oder waren sie todtraurig, ratlos?

Selbstverständlich würden sie einiges vermissen: die Gemeinschaft beim Essen mit ihm, seine Weisheit, sein Gottvertrauen und seine unglaubliche Kraft, mit der er sie mitgerissen hatte. Vielleicht würden ihnen andere Seiten Jesu nicht so sehr fehlen. Er konnte zornig und ungeduldig sein. Er ging unbeirrt seinen Weg, auch wenn seine Jünger protestiert hatten. Nach Jerusalem zu gehen, hatten sie schon vorher als Himmelfahrtskommando bezeichnet. Es endete ja auch am Kreuz. Da war es zu spät – so sah es zumindest bis Ostern aus.

Die erste einfache Fahrkarte hatte Jesus seinen Jüngern in Galiläa gegeben. Dort hatte er sie berufen. Für ihn gaben sie Familie und Beruf auf, nach dem Motto: „Wer die Hand an den Pflug legt und sieht zurück, der taugt nicht für das Himmelreich." Das neue Leben im Auftrag Gottes und im Gefolge von Gottes Sohn war nun ebenso beendet wie ihr altes Leben als Fischer oder Bauer.

Die zweite einfache Fahrkarte nimmt Jesus für sich in Anspruch – mit einer Zusatzoption: Er wird wieder zurückkommen, wenn es

aller Tage Abend ist. Die Jünger sind ab jetzt auf sich allein gestellt. Und sie sind frei.

Das Neue Testament erzählt einiges über die junge Christenheit, aber nur wenig darüber, was aus den einzelnen Jüngern wurde. Petrus und andere entscheiden sich dafür, Missionare zu werden. Sie wollen das tun, was Jesus getan hatte: eigene Schüler ausbilden und das Reich Gottes verkündigen. Die Geschichten über Verhaftung, Folter und Märtyrertod der ersten Christen zeigen, wie nah die Begriffe Himmelfahrt und Himmelfahrtskommando beieinander liegen.

Andere Jünger waren vermutlich ängstlicher als Petrus, tauchten unter oder flohen ins Ausland. Allen gemeinsam war, dass sie frei waren, selbst zu entscheiden, wie und wann sie Jesu letzten Willen umsetzten. „Gehet hin und lehret alle Völker" hatte er ihnen aufgetragen und versprochen, dass seine Botschaft sie auch durch schwere Tage tragen würde.

Knapp 2000 Jahre später zeigt die Anzahl christlicher Kirchen auf der Welt, dass die Jünger Jesu ganz unterschiedliche kulturelle Impulse bekommen haben. Christliche Freiheit und die Chance, etwas Neues zu beginnen, stehen unter Gottes Segen, auch wenn Gott an manchen Tagen weit entfernt oder dem Einzelnen abgewandt scheint.

Wer heute Christi Himmelfahrt feiert, kann erahnen: Es war gut, dass Jesus nicht auf der Erde geblieben ist. Hätte er den Jüngern und uns als persönlicher Jesus an unserer Seite noch mehr Impulse gegeben als die, die das Neue Testament kennt? Darüber lässt sich nur spekulieren.

Mit seinem Abschied wird Gott für die Menschen wieder unsichtbar. Menschen müssen wieder glauben, ohne zu sehen. Sie müssen wieder eigene Schritte gehen und eigene Wege wählen. Eine freiheitliche Gesellschaft und die Kirchen können ihm für die Himmelfahrt nur danken.

Johannes Lösch

Dank

Der Mai ist der Monat der Liebenden

Ich danke dir, mein Wohl, mein Glück in diesem Leben.
Ich war wohl klug, dass ich dich fand.
Doch ich fand nicht. Gott hat dich mir gegeben.
So segnet keine andre Hand.

Sein Tun ist je und je großmütig und verborgen.
Und darum hoff ich, fromm und blind,
er werde auch für unsre Kinder sorgen,
die unser Schatz und Reichtum sind.

Und werde sie regieren, für sie wachen,
sie an sich halten Tag und Nacht,
dass sie wert werden und auch glücklich machen,
wie ihre Mutter glücklich macht.

Uns hat gewogt die Freude, wie es wogt und flutet
im Meer so weit und breit und hoch.
Doch manchmal auch hat uns das Herz geblutet,
geblutet – ach, und blutet noch.

Heut aber schlag ich aus dem Sinn mir alles Trübe,
vergesse allen meinen Schmerz
und drücke fröhlich dich mit voller Liebe
vor Gottes Antlitz an mein Herz.

Matthias Claudius

Juni

Das beste Mittel, jeden Tag
gut zu beginnen, ist:
beim Erwachen daran
zu denken, ob man nicht
wenigstens einem Menschen
eine Freude machen könne.

Friedrich Nietzsche

Sieg der Klugheit

Abigajil

Im Alten Testament sind es meist Männer, die Geschichte schreiben, oft unter blutigen Begleitumständen. Die Geschichte von Abigajil und David fällt aus dem Rahmen. Sie ist ein Lehrstück, das die Macht- und Geschlechterverhältnisse auf den Kopf stellt und die vom Sieg weiblicher Klugheit über männliche Anmaßung erzählt.

David, der von Gott Erwählte, zieht auf der Flucht vor König Saul mit seinen Leuten durchs Land. Die Menschen in seinem Einflussgebiet stellt er unter seinen Schutz, so auch die Hirten des schwerreichen Nabal. Zu ihm schickt er zehn Boten mit dem Auftrag, dem „Bruder" Nabal den Friedensgruß zu entrichten und ihn förmlich um einen Anteil an seinen Ernte- und Herden-Erträgen zu bitten. Nach den Gesetzen der Wüste hat David darauf einen Anspruch.

Aber Nabal, der schon bei seiner ersten Erwähnung in der Bibel als roh und boshaft bezeichnet wird, tut seinem Namen alle Ehre. Nabal bedeutet Dummkopf, und aus Dummheit und Selbstüberschätzung verhöhnt er die Boten und David als hergelaufene Strauchdiebe. Das Gastrecht gilt ihm nichts. Wie ein dummer Bub pocht er auf seine Besitzrechte – „mein" Brot, „mein" Wasser, „mein" Fleisch –, als ob er allein alles erwirtschaftet und daher auch er allein darüber zu verfügen hätte.

Jetzt ist Feuer am Dach. Das begreifen sogar die Diener, die Nabals Fehlverhalten seiner Frau Abigajil hintertragen. Die ist sich über die Konsequenzen sofort im Klaren. Ohne zu fragen, schlüpft sie in die Rolle des Hausherrn und zieht in eigener Vollmacht und ausgerüstet mit einem Gastgeschenk – Esel, die mit vielerlei Speisen

Elias van Nijmegen, Abigajil vor David, Öl auf Leinwand, 1731

beladen sind – der drohenden Gefahr entgegen. David hegt schon finstere Gedanken: Alle niedermachen bis zum Morgengrauen! Es soll keiner davonkommen, „der an die Wand pisst"! Ein unflätiger Kraftausdruck als sprachliches Vorspiel roher Gewalt: Der künftige König David ist in dieser Hinsicht Nabals Bruder im Geiste.

An einer Wegbiegung überrascht Abigajil David. Dort wirft sie sich zu Boden. Damit macht sie sich nicht kleiner, als sie ist, sondern sie erweist ihrem Gegenüber den gebührenden Respekt. Bevor David losschlagen kann, führt Abigajil ihm in ihrer Rede seinen rechtmäßigen Platz vor Augen, nämlich den zwischen Gott und ihr selbst. David wird rhetorisch von ihr derart umstrickt, dass er gar nicht mehr anders kann, als sich auf ihre Ausführungen einzulassen. Abigajil entmündigt ihren Mann Nabal (dem sie später alles erzählt, woraufhin er zehn Tage später tot umfällt). Ihr überzeugendstes Argument ist religiöser Natur: Gott hat David gerade noch davor bewahrt, dass Blut an seinen Händen klebt, und Gott wird auch weiterhin seine Herrschaft stärken. Fast zärtlich umwirbt Abigajil David, wenn sie von seinem Leben spricht, eingebunden „im Bündlein der Lebendigen bei dem Herrn".

Und David? Er gibt der Geschichte einen versöhnlichen Schluss: Aus der Hand seiner Kontrahentin nimmt er die Speisen entgegen, spricht einen Friedensgruß und nimmt Abigajil nach Nabals Tod zur Frau. So schön kann es in der Bibel zugehen.

Und dass die Bibel manchmal auch für eine Überraschung gut und Gottes Geschichte mit seinem Volk nicht ausschließlich Männersache ist – auch das zeigt die Erzählung von Abigajil und David auf eindrückliche Weise.

Regina Kroll

Meine Hand streicht übers Korn

Junilied

Meine Hand streicht übers Korn;
Silberblondes Rauschen weht:
Läute, läute, liebe Glocke,
Die in meinem Herzen geht.

Jauchze jedem frohen Tag
Wie der Vogelruf im Ried,
Decke alle heißen Tränen
Zu mit einem dunklen Lied.

All mein Tun in schönstem Klang,
Der sich liebem Freunde bringt –
Läute, läute, goldne Glocke,
Die mit meinem Leben schwingt!

Gertrud Kolmar

Der Geist weht, wo er will

Am 8. Juni ist Pfingstsonntag

Mit Brausen und Macht erfüllt der Heilige Geist die verzagten Jünger Jesu, so berichtet es die Pfingstgeschichte im Neuen Testament. Der Heilige Geist steht für Bewegung, Energie, Neuanfang.

50 Tage nach der Auferstehung Jesu sitzen seine Jünger in Jerusalem zusammen, als plötzlich ein Brausen vom Himmel kommt und ein gewaltiger Wind das Haus erfüllt: „Sie wurden alle erfüllt von dem Heiligen Geist", heißt es in der Bibel. Aber was hat es auf sich mit dem „Heiligen Geist"?

In der Bibel geht es oft kraftvoll, laut und sogar schockierend zu, wenn vom Gottesgeist geredet wird. In einer Ebene voller ausgetrockneter Gebeine erlebt im Alten Testament der Prophet Ezechiel schaudernd, wie sich die Knochen mit Fleisch und Haut bedecken und allesamt erheben, „ein gewaltiges Heer", weil Gott seinen Geist in sie hat fahren lassen. Und als sich am Pfingsttag der Heilige Geist in Gestalt von Feuerzungen auf die verzagten Apostel niederlässt, entsteht ein solches Getöse, dass die Leute zusammenlaufen.

Als stürmisch wehender Wind, als loderndes Feuer, fließendes Wasser, rasch dahinziehendes Wolkengebilde erscheint Gottes Geist in der Bibel: Das ist Bewegung, Energie, Schöpfungskraft, der Gegensatz von Trägheit und Tod. Schon am Anfang schwebt über der wüsten Erde und der finsteren Urflut Gottes belebender Geist.

„Ruach" heißt das hebräische Wort: „Hauch", „Sturm", „Atem", „Geist". Fast 400 Mal kommt er in der Bibel vor, nahezu immer als weiblicher Begriff. Gottes Geist flattert über dem Chaos, brennt im Feuer, belebt durstige Kehlen. Im Neuen Testament bekommt

Gottes „ruach“ einen anderen Namen, das griechische „pneuma“, aus dem später der lateinische „spiritus sanctus“ wird.

In der Bibel setzt Gottes Geist Menschen in Bewegung, er inspiriert und treibt an, er bringt Menschen in Beziehung und entfacht ihre Liebe und Solidarität untereinander. Der fromme Jude Jesus fühlt sich ganz von diesem Atem Gottes umgeben. Das Lukasevangelium schildert, wie er als Wanderrabbi in seinen Heimatort Nazareth kommt und dort im Synagogengottesdienst aus dem Propheten Jesaja liest: „Der Geist des Herrn ruht auf mir. Er hat mich gesandt, damit ich den Armen eine gute Nachricht bringe.“

Jesu Jünger wiederum erleben dann am ersten Pfingstfest einen brausenden Gott, der ihnen Feuer ins Herz schickt, sie halten prophetische Reden, geraten in seelische Ausnahmezustände. Später ging es den Kirchenlehrern dann mehr um die – vom Geist geleitete – Einsicht in die heiligen Schriften.

Martin Luther bezeichnete das Gewissen als den Ort, wo der Mensch am wuchtigsten vom Heiligen Geist getroffen werde. Wenn der Heilige Geist im Menschen wirkt, „begegnen wir damit dem lebendigen Gott selbst, der uns näher kommt, als wir denken“, heißt es im lutherischen Erwachsenenkatechismus. „Löscht den Geist nicht aus!“, warnte Paulus in seinem ältesten erhaltenen Brief.

Der Heilige Geist wurde an Pfingsten auf alle Glaubenden ausgegossen und nicht nur auf eine Priesterkaste oder Kirchenhierarchie. Der Geist weht, wo er will, heißt es in der Bibel. Er steht in der Christenheit darum für Visionen und Überzeugungskraft, für Selbstkritik und Mut zum Risiko, für Aufbruch und Leben. Karl Rahner, einer der großen Theologen des 20. Jahrhunderts, nennt den Heiligen Geist den „Beistand der Bedrängten“ und spricht von einer unberechenbaren Verheißung, wenn er „Komm, Heiliger Geist“ betet: „Unser Herz fürchtet im Geheimen, dass du kommst, weil du selbstlos bist und fein, weil du anders bist als unser Herz.“

Christian Feldmann

Wirtschaft und Näharbeit

Zum 155. Geburtstag von Clara Immerwahr am 21. Juni

Clara als Studentin. Zeitgenössische Fotografie, um 1890

Wie ein Mann habe das Fräulein Immerwahr ihre Dissertation verteidigt, lobte der Dekan. Und schwadronierte im Nachsatz über den Hort der Familie daher, in dem eine Frau ihre wahre Erfüllung erfahre. Das war im Jahr 1900 normal. Heute ist es das nicht mehr. Aber so ganz aus der Welt ist es auch nicht, dass Männer zu wissen glauben, wo Frauen am besten hinpassen. Nur ist es nicht mehr opportun, so etwas laut auszusprechen.

Die Experimentalphysikerin Clara Immerwahr ist die erste deutsche Frau, die sich ihre Promotion erkämpft hat. Der Weg dorthin war mit Sondergenehmigungen gepflastert. Noch war das Abitur Männerdomäne, ganz zu schweigen von einem Regelstudium an einer Universität.

Als Clara 1901 ihre Tanzstundenliebe Fritz Haber heiratete, mochte ihr noch eine Wissenschaftsexistenz zu zweit vorgeschwebt haben – nach dem Vorbild des Pariser Atomphysikerehepaars Marie und Pierre Curie. Dann kam Sohn Hermann auf die Welt, und sie bekam die Last der heiligen Pflichten zu spüren, die ihr die Männerwelt zugedacht hatte. In einem ihrer wenigen erhaltenen Briefe klagte sie: „Vorläufig gehe ich in Wirtschaft und Näharbeit unter." Ehemann Fritz erklomm derweil

Stufe um Stufe seiner Karriereleiter. Zusammen mit Carl Bosch von der BASF revolutionierte er die Agrarchemie; das sogenannte Haber-Bosch-Verfahren, die technische Herstellung von künstlichem Dünger, sollte ihm 1918 den Chemienobelpreis eintragen.

1909 schrieb Clara: „Was Fritz in diesen acht Jahren gewonnen hat, das – und noch mehr – habe ich verloren, und was von mir eben übrig ist, erfüllt mich selbst mit der tiefsten Unzufriedenheit." Ihre Ehe lag nach allem, was man weiß, im Argen, denn mit der ehelichen Treue nahm es Fritz auch nicht so genau. 1911 wurde er Gründungsdirektor des Kaiser-Wilhelm-Instituts für physikalische Chemie und Elektrochemie in Berlin-Dahlem. Clara wurde Frau Direktor und musste bei häuslichen Empfängen für illustre Personen aus Wissenschaft und Industrie repräsentieren. Endgültig entfremdeten sich die beiden, als Fritz im August 1914 zu den Fahnen eilte und an der Entwicklung von Giftgas für Fronteinsätze arbeitete. Im April 1915 verbliesen deutsche Soldaten nahe dem belgischen Ypern erstmals Chlorgas. Tausende Soldaten erlitten einen qualvollen Tod. Der Professor war als Beobachter dabei. Clara verstand die Welt nicht mehr.

Vom Vizewachtmeister zum Offizier befördert, kehrte Fritz stolz nach Berlin zurück. In seiner Villa ließ er sich hochleben. Er war am Ziel – und Clara am Ende. Am frühen Morgen des 2. Mai 1915 erschoss sie sich mit der Dienstpistole ihres Mannes. Mehrere Abschiedsbriefe, von denen das Dienstpersonal später erzählte, verschwanden spurlos. Ein paar Stunden später brach Fritz zu einer Dienstreise an die Ostfront auf.

An Clara Immerwahr wird gelegentlich erinnert, wenn ein Gedenkjahr heranrückt. Es scheint, dass an ihre Geschichte – und an die vieler anderer Frauen, die im Schatten ihrer erfolgreichen Ehemänner verkümmert sind – noch oft erinnert werden muss. Mindestens so lange, bis kein Mann mehr auch nur denkt, er wisse, wo eine Frau hingehört.

Katharina Schiegg

Hier auch Lieb und Leben ist

Aus Goethes Tagebuch der Reise in die Schweiz

Ich saug' an meiner Nabelschnur
Nun Nahrung aus der Welt.
Und herrlich rings ist die Natur
Die mich am Busen hält.
Die Welle wieget unsern Kahn
Im Rudertackt hinauf,
Und Berge Wolcken angethan
Entgegnen unserm Lauf.

Aug mein Aug was sinckst du nieder
Goldne Träume kommt ihr wieder
Weg du Traum so Gold du bist
Hier auch Lieb und Leben ist.

Auf der Welle blinken
Tausend schwebende Sterne
Liebe Nebel trincken
Rings die türmende Ferne
Morgenwind umflügelt
Die beschattete Bucht
Und im See bespiegelt
Sich die reifende Frucht.

Johann Wolfgang Goethe,
im Juni 1775

Juli

*In die kleinen Dinge
hat der liebe Gott
die großen Freuden
hineingelegt.*

Honoré de Balzac

Was wirklich zählt

Maria und Marta

Als sie aber weiterzogen, kam er in ein Dorf. Da war eine Frau mit Namen Marta, die nahm ihn auf. Und sie hatte eine Schwester, die hieß Maria; die setzte sich dem Herrn zu Füßen und hörte seiner Rede zu. Marta aber machte sich viel zu schaffen, ihnen zu dienen. Und sie trat hinzu und sprach: Herr, fragst du nicht danach, dass mich meine Schwester lässt allein dienen? Sage ihr doch, dass sie mir helfen soll! Der Herr aber antwortete und sprach zu ihr: Marta, Marta, du hast viel Sorge und Mühe. Eins aber ist not. Maria hat das gute Teil erwählt; das soll nicht von ihr genommen werden.

Lukas 10,38-42

Die Geschichte von Maria und Marta kenne ich seit frühesten Kinderbibel-Zeiten. Gefallen hat sie mir noch nie. Marta schuftet, Maria sitzt rum. Und das soll nun gut und richtig sein?! Da wird einem ständig gepredigt, dass man immer schön fleißig sein soll, und jetzt ist plötzlich das Gegenteil vorbildlich!?

Später ärgerte ich mich vor allem über das Frauenbild. Die eine wirbelt in der Küche, die andere kauert zu Füßen des Meisters. Wenn schon mal Frauen in der Bibel auftauchen, können sie dann nicht etwas Bedeutenderes tun? Zum Beispiel, wie im Alten Testament, jemandem den Kopf abschneiden?

Für Marta ist es offenbar völlig selbstverständlich, dass sie in der Küche verschwindet. Und dies ist kein Phänomen aus lang verflossenen biblischen Zeiten, sondern zumindest vielen Älteren noch wohlvertraut: Die Mutter oder Großmutter, die am Sonntag nach der Kirche mit fliegenden Händen die Kittelschürze überstreift,

Die eine lauscht ergeben, die andere nörgelt: Das Frauenbild auf Kinderbibelniveau gibt mal wieder zu denken

damit das Sonntagsessen für Familie und/oder Gäste pünktlich auf den Tisch kommt. Und die natürlich am Tag zuvor die Wohnung auf Hochglanz geschrubbt hat. Das ist ihr Stolz, ihr Ehrgeiz.

So liegt auch Martas Problem nicht etwa in ihrer Arbeit, sondern im Verhalten der Schwester, die einfach nur dasitzt. Allerdings richtet Marta ihre Klage nicht direkt an Maria, sondern sie wendet sich an eine höhere Autorität, an Jesus. Aber entgegen ihrer Erwartung (und jeder Erwartung gemäß dem klassischen Frauenbild) findet der Marias Verhalten nicht nur völlig in Ordnung, sondern sogar vorbildlich. Wie steht Marta nun da?

„Marta, Marta!" – die Botschaft der Geschichte liegt ganz und gar in unserer Vorstellung, wie Jesus diese Worte ausspricht: Mit erhobenem Zeigefinger, vorwurfsvoll, tadelnd, womöglich kopfschüttelnd? Seufzend? Beschwörend? Oder liebevoll zugewandt, weil er sie beim Namen ruft? Als fürsorglichen Weckruf: „Marta, wach auf!"? Die letztere Variante kommt in der Übersetzung aus der Basisbibel zum Ausdruck: „Marta, Marta! Du bist so besorgt und machst dir Gedanken um so vieles. Aber nur eines ist notwendig: Maria hat das Bessere gewählt, das wird ihr niemand mehr wegnehmen." „Das Bessere" also ist das, was *bleibt* – und was im typischen Frauen- und Familienalltag so leicht unter die Räder kommt. Denn die Frage „Was ist wirklich wichtig" braucht einen Moment des Innehaltens, der sich von allein niemals einstellen will.

In dieser Betrachtungsweise sagt Jesus also so viel wie: „Marta, jetzt mal langsam! Verlier dich nicht im Tun und Machen, halt ein und sieh, was hier und jetzt wirklich wichtig ist!" Aus moderner Sicht hat die Geschichte also auch etwas mit der „Work-Life-Balance" zu tun.

Aber auch der Bibeltext selbst weist beim genaueren Hinsehen weit über die häusliche Enge der damaligen Frauenwelt hinaus. Was nach Töpfeklappern klingt, heißt im lateinischen Urtext „Dienen", *diakonia* – ein Begriff, der auch für „Jüngerschaft" steht und sogar Leitungsämter einschließt. Bemerkenswert zudem, dass Marta Jesus „aufnimmt", also als Gastgeberin fungiert, was für eine Frau seinerzeit eigentlich gar nicht möglich war. Lukas, der sich im griechischen Kulturraum bewegte, hatte wohl jene Frauen vor Augen, in deren Häusern sich in der frühen Christenheit die jungen Gemeinden versammelten und denen so auch eine Leitungsrolle zukam. Und Maria? Sie kauert zu Füßen des Herrn – macht sie sich klein? Durchaus nicht: „Zu Füßen sitzen" ist eine übliche Formulierung für das Lernen bei einem Rabbi. Maria kann also als Schülerin Jesu aufgefasst werden und rückt damit in die Nähe der Jünger, die mit ihm ziehen.

So gesehen repräsentieren die beiden Schwestern zwei Arten des Christenlebens: helfendes Handeln und Stärkung im Glauben. Wer wollte eines vorziehen? „Maria hat das gute Teil *erwählt*", sagt Jesus, das heißt: Maria und Marta können und sollen entscheiden, wie sie sich selbst (mit heutigen Worten) einbringen wollen. Marta hat aber nicht wirklich gewählt, sondern tut, was sie für selbstverständlich hält und so unhinterfragt auch von ihrer Schwester verlangt. Wenn Jesus nun sagt: „Maria hat sich besser entschieden", dann gilt dies nur für diese spezielle Situation. Der Umstand, dass die Geschichte unter Frauen spielt, wirkt in der biblischen Männerwelt vor allem verstärkend: Wenn selbst eine Frau *besser* das Gotteswort hören soll als (für die Männer!) zu kochen, dann muss das eine wirklich wichtige Weisung sein!

Astrid Meinbrok

Zurückgelassen

Weisheitsgeschichte

Zwei Mönche waren abends auf dem Heimweg ins Kloster. Am Ufer eines Flusses trafen sie auf ein hübsches Mädchen, das verzweifelt nach einer Möglichkeit suchte, den Strom zu überqueren. Ohne nachzudenken, nahm der eine Mönch das Mädchen auf seine Arme und trug es ans andere Ufer. Dann setzte er es ab und ging weiter.

Das gab seinem Gefährten zu denken. Lang grübelte er über das Benehmen des anderen nach, bis er sich schließlich an ihn wandte und sagte: „Du weißt schon, dass unser Gelübde es uns strengstens verbietet, auch nur in der Nähe einer Frau zu verweilen, besonders wenn sie jung und hübsch ist. Wie konntest du diese nur so einfach auf die Arme nehmen?"

Erstaunt drehte sich der Angesprochene um und sagte: „Trägst du sie denn immer noch mit dir? *Ich* habe sie am Flussufer zurückgelassen."

Überliefert

Wolkenbilder

Ironische Landschaft

Gleich einem Zuge grau zerlumpter Strolche
Bedrohlich schwankend wie betrunkne Särge
Gehen Abendwolken über jene Berge,
In ihren Lumpen blitzen rote Sonnendolche.

Da wächst, ein schwarzer Bauch, aus dem Gelände
Der Landgendarm, dass er der Ordnung sich beflisse,
Und scheucht mit einem bösen Schütteln seiner Hände
Die Abendwolkenstrolche fort ins Ungewisse.

Klabund

Schmecket und sehet!

Freude an Kräutern

Schnittlauch und Bohnenkraut, Thymian und Rosmarin, Koriander und Zitronengras: Die Würze der Kräuter, ob gutbürgerlich, mediterran oder exotisch, gibt dem Essen das Besondere, den Charakter. Nehmen wir nur einmal ganz schlichte Kartoffeln: Einmal mit Petersilie. Dann mit Dill. Schließlich mit einem Zweig Rosmarin. Drei ganz unterschiedliche Gerichte. Ein paar grüne Blättchen nur machen den Unterschied.

Es ist ein Wunder der Vielfalt: Ein paar Samenkörner auf die Erde gestreut und befeuchtet, schon treibt es aus, bildet Blätter und Stängel. Von außen betrachtet ist alles einfach nur irgendwie grün, aber dann nimmt man so ein Blättchen, einen Stängel, reibt, schnuppert, kaut – und jedes ist anders, es erschließt sich eine wundersame Fülle der Düfte und Aromen.

Das Auge bleibt an der Oberfläche, Düfte gehen tiefer. Sie sind eine Ur-Wahrnehmung und schon von daher der Seele näher. So sind auch die Kräuteraromen auf besondere Weise mit dem Gedächtnis verbunden. Ein zerriebenes Liebstöckelblatt: Das war Großmutters Nudelsuppe. Ein Hauch Basilikum: die Erinnerung an den Sommerabend auf der Terrasse, vollreife Tomaten mit Mozzarella ...

Nicht umsonst spricht man bei einem leckeren Essen von einem „*Gaumen*schmaus". Mund und Zunge schaffen nur die grobe Grundierung – süß, salzig, bitter, scharf. Das Spiel der feinen Aromen aber hat seine Bühne weit hinten im Nasen-Rachen-Raum, an derselben Stelle wie die Düfte. Wohl jeder hat es bei einem starken Schnupfen schon einmal leidvoll erfahren: Das Essen wird fade und ausdruckslos, alles schmeckt gleich, der Genuss ist dahin.

Wie so oft lernt der Mensch erst richtig zu schätzen, was er schmerzlich vermisst: Ein Quell der Lebensfreude ist versiegt. Welche Freude, wenn der Geschmack dann langsam wiederkommt. Denn ein guter Duft, ein leckeres Essen kann aus dem Alltag ein Fest machen, Freude an triste Orte bringen, den ganzen Tag verwandeln.

Bei alledem sind Düfte und feine Aromen ganz und gar eine Freude des Augenblicks. Sie lassen sich nicht festhalten, wie man etwa Gesehenes fotografieren oder Gehörtes per Mikro aufzeichnen kann. Sie sind immer nur *jetzt*.

Und sie brauchen ihre Zeit. Düfte verbreiten sich langsam, Aromen entfalten sich ohne Eile. Mit schnell-schnell vertragen sie sich nicht. Sie folgen ihren eigenen Gesetzen, lassen sich nicht beschleunigen. Ja, sie sind von Natur aus *entschleunigt*, ihr Genuss ist immer verbunden mit einem achtsamen Innehalten.

„Die Heilige Schrift ist ein Kräutlein; je mehr du es reibst, desto mehr duftet es." So lautet ein berühmter Spruch von Martin Luther. Nanu: die Bibel – lauter trockene Buchstaben – und dafür ein so sinnenfrohes Bild? – Aber ja! Eine biblische Geschichte, einen Psalm, ein Jesuswort einfach so überfliegen wie Zeitschriften oder E-Mails, das wäre wie Fast Food. Nein, ganz anders! So wie wir ein paar Blättchen vom Oregano oder Thymian abzupfen – sie reiben, sodass sie ihre ätherischen Öle verströmen – daran schnuppern, den Duft in uns aufnehmen, so sollen wir uns in ein Bibelwort versenken, es wiederholen, uns ganz darauf einlassen und ergründen, wie es unser Leben bereichern kann.

Der Hebräerbrief (6,4.5) bezeichnet die „Bekehrten" als „die, die einmal erleuchtet worden sind und *geschmeckt* haben die himmlische Gabe ... und *geschmeckt* haben das gute Wort Gottes". Das Wort Gottes *hört* man nicht einfach, man lässt sich davon erfüllen.

Die feinen Aromen sind flüchtig, ätherisch, kaum beschreibbar, nicht zu fassen und doch ganz gegenwärtig. Der kühle Verstand greift ins Leere. Das hebräische Wort *ruach*, das mit „Geist" übersetzt wird, bezeichnet auch „Wind" und „Atem". Wenn der Lufthauch die Düfte trägt, berühren sich „Geist" und „Duft". Beide füllen den Raum, sind nicht greifbar, nicht verfügbar.

Im 2. Korintherbrief (2,14.15) treibt Paulus dieses Bild auf die Spitze. Er dankt Gott, der „offenbart den *Geruch* seiner Erkenntnis durch uns an allen Orten! Denn wir sind für Gott ein Wohl*geruch* Christi." Unaufhaltsam wie ein Duft verbreitet sich die Gotteserkenntnis mit den Menschen, die mit der Jesusbotschaft über Land ziehen. Unsichtbar, ein Hauch, sanft, aber unausweichlich. Jede und jeder muss sich ihm stellen. So sind auch wir alle ein „Wohlgeruch Christi", wenn wir in seinem Geist die Atmosphäre eines Ortes, die Gemeinschaft von Menschen mit einem besonderen „Duft" erfüllen.

Wann immer das gelingt, ist es ein Gottesgeschenk, ein kleines Wunder – so wie das Wachsen der Kräuter, die Fülle ihrer Düfte und Aromen eine Gottesgabe ist. Wir sind eingeladen, uns jeden Tag und überall daran zu erfreuen.

Charlotte Feldt

Sonnenaufgang in Venedig

Appetitmacher für Reiselustige

Erwachende Glocken. – In allen Kanälen
flackt erst ein Schimmer, noch zitternd und matt,
und aus dem träumenden Dunkel schälen
sich schleiernd die Linien der ewigen Stadt.

Sanft füllt sich der Himmel mit Farben und Klängen,
fernsilbern sind die Lagunen erhellt. –
Die Glöckner läuten mit brennenden Strängen,
als rissen sie selbst den Tag in die Welt.

Und nun das erste flutende Dämmern.
Wie Flaum von schwebenden Wolken rollt,
spannt sich von Turm zu Turm das Hämmern
der Glocken, ein Netz von bebendem Gold.

Und schneller und heller. Ganz ungeheuer
bläht sich das Dämmern. – Da bauscht es und birst,
und Sonne stürzt sich wie fressendes Feuer
gierig sich weiter von First zu First.

Der Morgen taut nieder in goldenen Flocken,
und alle Dächer sind Glorie und Glast.
Und nun erst halten die ruhlosen Glocken
auf ihren strahlenden Türmen Rast.

Stefan Zweig

August

Wie schön ist es,
dass man nicht eine Sekunde
warten muss,
um damit zu beginnen,
die Welt zu verbessern.

Anne Frank

Durch die Hand einer Frau

Judit

Nur wenige kennen das Buch Judit. Seine Titelheldin dagegen hat unter Preisgabe des biblischen Kontexts eine beachtliche Karriere hingelegt. Judits Sieg über Holofernes wurde in den Triumph des Guten über das Böse verallgemeinert, ein handliches Narrativ, das jedermann für sich in Anspruch nahm: die Protestanten des 16. Jahrhunderts im Kampf gegen die Katholiken, die Protestanten gegen die Protestanten, die Jesuiten gegen Nichtjesuiten und sämtliche Vorgenannten gegen die Türken.

In Kunst und Literatur war das Judit-und-Holofernes-Sujet durch alle Epochen beliebt. Im Zuge des 19. Jahrhunderts wurde ihre tödliche Begegnung bevorzugt zur „sex-and-crime"-Story umgedeutet. Holofernes' Enthauptung fand hinter verschlossenen Türen statt, Zeugen gab es keine. Was kurz zuvor zwischen den beiden Kontrahenten vorgefallen sein mag, blieb der männlichen Einbildungskraft überlassen. Der Dramatiker Friedrich Hebbel notierte in sein Tagebuch: „Die Judith der Bibel kann ich nicht brauchen." Wie hätte er sonst auch eine Tragödie schreiben können? Am Ende des 5. Akts seiner „Judith" erleben wir die Hauptfigur, die von der Sorge umgetrieben wird, ob sie nun ein Kind von Holofernes empfangen hat oder nicht. Sollte das der Fall sein, mögen die Priester sie töten. Und sie betet zu Gott, dass ihr eine Schwangerschaft erspart bleibe. Paranoide Blüten trieben die Männerfantasien um 1900. Judit begegnet uns als triebgesteuerter, männermordender Vamp. Klimt, von Stuck und Böcklin lassen grüßen.

Zum Mythos gehört immer auch seine Geschichte, und die durchläuft ständige Aktualisierungen. Beim Juditbuch, dieser großen Rettungsgeschichte in der Tradition von Moses Auszug aus Ägypten oder David gegen Goliat, wird man von einer Banalisierung sprechen müssen.

Die biblische Erzählung baut eine Konfliktsituation auf, die ins Kosmische ausgreift. Der Großkönig Nebukadnezar trachtet nach Weltherrschaft und verlangt gottgleiche Verehrung. Seine Macht beruht auf Gewalt. Ihm gegenüber steht der eine, wahre Gott, „der das Unrecht hasst" (Jdt 5,17). Wer wird als Sieger vom Platz gehen? Entschieden wird die Frage durch die jeweiligen Stellvertreter: hier der Feldherr Holofernes, dort Judit.

Betulia, die fiktive Ortschaft, in der Judit lebt, ist in größter Bedrängnis. Die Feinde haben die Wasserzufuhr unterbrochen, die Einwohner darben. Schon lange gehen sie in Sack und Asche, flehen Gott Tag und Nacht um Hilfe an. „Und der Herr hörte auf ihr Rufen und schaute ihre Bedrängnis an" (4,13), versichert der Erzähler. Aber die Menschen haben dafür kein Sensorium, sie fasten und beten und klagen in einem fort und kommen am Ende auf die Idee, ihrem Gott eine Fünftagesfrist zu setzen. Wenn er dann nicht eingreift, werden sie sich dem Feind ausliefern.

Judit lädt die Ältesten zu sich ein und wäscht ihnen gehörig den Kopf: Sie erinnert sie an die vielen vorangegangenen kritischen Zeiten, in denen Gott sein Volk aus größter Gefahr errettet hat. Die Ältesten haben großen Respekt vor Judit, loben ihr reines Herz und ihre Weisheit. Taub bleiben sie dennoch; sie fordern Judit auf, Gott wenigstens um Regen zu bitten, damit die Menschen nicht verdursten. Es fällt der entscheidende Satz, mit dem Judit sich als Vollstreckerin von Gottes Willen zu erkennen gibt: „Ich will eine Tat vollbringen ..." (8,32).

Die Menschen in Betulia sind nicht dazu in der Lage, die Zeichen der Zeit zu erkennen und zu handeln, wenn Handeln geboten ist. Das macht Judit ihnen nun vor. Sie handelt nicht etwa, weil Gott nicht handeln würde, sondern sie ergibt sich Gott als „Hand-Langerin". Nachdem sie Holofernes zur Strecke gebracht hat und die Feinde in doppeltem Wortsinn kopflos auseinanderlaufen, sagt sie zu den Menschen in Betulia: „Der Herr hat ihn erschlagen durch die Hand einer Frau!" (13,15) Abstrakt ausgedrückt: So kann Gottes Präsenz in der Welt durch menschliches Handeln in der Geschichte wirksam werden.

Entgegen der „sex-and-crime"-Judit, die die außerbiblische Überlieferung sich zurechtgelegt hat, bleibt die biblische Judit konsequent auf Abstand zu Holofernes. Sie schläft im eigenen Zelt, verlässt es nachts zu rituellen Waschungen und Gebeten. Ihre Argumente trägt sie so raffiniert vor, dass man ihr einen Abfall von Gott nicht nachweisen kann. Die Speisen und Getränke, die ihr der Gastgeber auf seinen Festen kredenzen will, weist sie zurück. Stattdessen versorgt sie sich aus einem mitgebrachten Vorratsbeutel. Nach drei Tagen hat sich Holofernes derart in seine Begierde auf die schöne Judit hineingesteigert, dass er sich besinnungslos betrinkt. Dann schlägt Judit zu. Der Kopf landet im Vorratsbeutel.

„Und niemand vermochte die Israeliten in Furcht zu versetzen, solange Judit lebte und weit über ihren Tod hinaus." Mit diesem fast märchenhaften Satz klingt das Juditbuch aus. Eine glatte Übertreibung, aber das ist eben das Stilmittel, dessen sich die ganze Lehrerzählung bedient. Dies gilt schon für die Bedrohung von Betulia, in der Katastrophe auf Katastrophe getürmt ist. Und dies gilt auch für die Charakterisierung von Judit: über alle Maßen schön, klug, gottesfürchtig wie keine andere, theologisch hoch gebildet: Ihre Reden und Gebete sind voller Bezüge auf Rettungsvisionen aus dem Jesajabuch und den Psalmen, und in ihrer Person scheinen andere große Frauen und Männer der biblischen Tradition auf – Mose und Mirjam, Debora und Jaël. Judit bedeutet schlicht „die Jüdin". Im Juditbuch geht es also um jüdische Identität und darum, wie sie sich ausbilden kann im Verhältnis von Glauben, persönlicher Freiheit und Handeln.

Claudia Margraf

Nächtliche Ruhestörung

Warum Hunde den Mond anbellen

Der volle Mond, der stillen Tugend Bild,
Der längst nicht mehr mein Herz mit Wonne füllte,
Hing als ein diamantner Schild
An Gottes Arm. Sein holder Schimmer hüllte
In Silberflor den Busen der Natur.
Ein Schäferhund, der Cerberus der Flur,
Erblickte das Gestirn; in seiner Galle kochte
Geheime Wut. Er hob den Kopf empor
Und bellte, was er bellen mochte.
Schon eine Stunde trieb der Tor
Den wunderlichen Krieg;
schon war er matt und heiser,
Als ihn ein nachbarlicher Hahn
Im Toben unterbrach.
„Glück zu, Herr Bullenbeißer!"
Rief er, „was wandeln dich für
Grillen an?
Du haderst mit dem Mond,
dass uns die Ohren gellen,
Und brüllst umsonst dir
deine Kehle wund.
Er höret dich ja nicht!" – „Ei was",
versetzt der Hund,
„Man hört sich selber gerne bellen."

Gottlieb Konrad Pfeffel

Wahnsinn und Seligkeit

Lohengrin in Mannheim

Es war ein merkwürdiges Stück. Zwar zeichnete es sich durch prächtige Kostüme und Szenerien aus, aber es enthielt merkwürdig wenig Handlung. Das heißt, es geschah in Wirklichkeit nichts, doch wurde viel über die Begebenheiten hin und her geredet und immer mit großer Aufregung. Man könnte es eine dramatisierte Erzählung nennen. Jeder Mitspieler trug eine Geschichte und eine Beschwerde vor, aber nicht ruhig und vernünftig, sondern auf eine höchst beleidigende, unbotmäßige Art und Weise. Ferner fiel mir auf, dass Tenor und Sopran sich nur selten in ihrer gewöhnlichen Manier dicht an die Rampen stellten, um mit vereinten Kräften und Stimmen zu trillern, die Arme nacheinander auszustrecken, sie wieder zurückzuziehen, erst die rechte, dann die linke Hand auf die Brust zu drücken und sich dabei zu schütteln. Nein, jeder Lärmmacher besorgte seine Sache für sich allein; nacheinander sangen sie ihre verschiedenen Anschuldigungen mit Begleitung des ganzen großen Orchesters. Wenn dies eine Weile gedauert hatte und man sich gerade der Hoffnung hingab, sie würden sich nun verständigen und etwas weniger Spektakel machen, dann begann plötzlich ein Riesenchor, der aus lauter Wahnsinnigen zusammengesetzt war, loszukreischen …

Diese lange und mit größter Anschaulichkeit durchgeführte Wiedergabe der grässlichen Höllenpein wurde nur durch einen einzigen kurzen Beigeschmack von Himmelsfrieden und Seligkeit unterbrochen – nämlich im dritten Akt, während ein prachtvoller Festzug auf der Bühne fort und fort rundum ging und der Hochzeitsmarsch ertönte. Dies war Musik für mein ungeschultes

Der abenteuerliche Kopfputz der Mannheimer Opernbesucherin passt ins Bild, das der Autor seiner US-amerikanischen Leserschaft vor Augen hält. Twains Schilderungen changieren dabei zwischen dem ungläubigen Staunen eines Landeis, das direkt aus den Wäldern von Kentucky stammt, und dem trockenen Bericht eines Ethnologen, der die überaus merkwürdigen Sitten und Bräuche der kurpfälzischen Eingeborenen beschreibt. In der Oper, Illustration aus der amerikanischen Originalausgabe des „Bummel durch Europa" von 1880

Ohr – göttliche Musik. Während der heilende Balsam jener lieblichen Töne meine wunde Seele überflutete, hätte ich fast alle vergangenen Qualen wieder erdulden mögen, um noch einmal diese süße Erquickung zu durchleben. Dabei wurde mir klar, mit welcher Schlauheit die Oper ihre Wirkung berechnet. Sie erregt so viele und schreckliche Leiden, dass die wenigen dazwischen gestreuten Freuden durch den Gegensatz aufs Wunderbarste erhöht werden.

Mark Twain

Schöner denn zuvor

Nach dem Gewitter

Schüchtern qualmen schon die ersten Dächer.
Aus der Wolkenwirrnis, die zersprang,
fallen Sonnenstrahlen breit wie Fächer.

Alle Fenster schaun nun wieder blank
in die Ebene und die Uferweiden
streun Rubinen in das dunkle Rohr.

Schwalben schießen froh den Fluss entlang,
Lerchen wirbeln liederfroh empor
und des Himmels dunkelblaue Seiden

blühn und schillern schöner denn zuvor.

Paul Zech

„Die Geburt der Tragödie"

Am 25. August vor 125 Jahren starb Friedrich Nietzsche

Nietzsche ist gestorben, bevor er starb. Anfang 1889 erlitt er in Turin einen Zusammenbruch und fiel danach zügig in einen Zustand geistiger Umnachtung, aus dem er nie wieder auftauchte. Sein körperlicher Tod im Jahr 1900 war vermutlich für alle Beteiligten eine Erlösung.

Als Nietzsche starb, begann seine Schwester Elisabeth ihr zweites Leben. 1893 war sie mit leeren Händen aus Paraguay zurückgekehrt. Alles hatte sie verloren: ihren Ehemann (durch Freitod) und ihr gemeinsames neugermanisches Siedlungsprojekt zur Aufzucht von „Ariern" (gescheitert). Zurück in Naumburg, wurde sie Zeugin der zunehmenden Berühmtheit ihres Bruders, der davon allerdings nichts mehr mitbekam, und entfaltete einen Aktivismus, den ihr wohl kaum jemand zugetraut hätte.

1894 gründete sie das Nietzsche-Archiv, gegen den Willen ihrer Mutter, mit der sie sich überwarf. 1896 erfolgte ihr Umzug nach Weimar. Zu diesem Zeitpunkt hatte Elisabeth sich das Zugriffsrecht auf Nietzsches publiziertes Werk und auf seinen Nachlass teils erkauft, teils erstritten. Philosophische Vorkenntnisse hatte sie keine, aber das ließ sich mit Entschlossenheit kompensieren – und mit Privatstunden bei dem philosophischen Autodidakten Rudolf Steiner. Wie dem auch sei, sie sah sich hinreichend ertüchtigt für den Umgang mit den Hinterlassenschaften ihres Bruders.

Für das Publikum, das aus allen Ländern nach Weimar pilgerte, um Nietzsche wenigstens zu betrachten, richtete Elisabeth das Obergeschoss des Archivs her. Dort stellte sie ihren vor sich hin dämmernden Bruder aus wie ein Zoodirektor ein seltenes Tier. Im

Erdgeschoss schrieb sie an ihrer Nietzsche-Biografie weiter, die sie noch in Naumburg begonnen hatte. Nach eigener Auskunft ging es ihr darum, ihren Bruder „als die edelste Lichtgestalt den Leuten fest in die Herzen zu prägen". Das hätte ein nobles Unterfangen werden können, wäre es mit etwas mehr Sachverstand und nicht mit derart krassen Verfälschungen ins Werk gesetzt worden. Kein Wort verliert sie über die Herablassung, mit der ihr Bruder ihr zeitlebens begegnet war, und erzählt stattdessen von tiefschürfenden philosophischen Geschwistergesprächen.

Nietzsches Texte sind ein dichtes Gewebe aus Gedanken, die er aufschreibt, reflektiert, spiegelt und häufig parodistisch verrätselt. Parodistisches nahm Elisabeth für bare Münze. Sie sortierte aus und um, ergänzte und fälschte drauflos. So wurde etwa aus der philosophischen Gedankenfigur des „Willens zur Macht", verstreut auf vielen Notizzetteln, ein politischer Aktionsplan. Sie wuchtete das Konvolut zum „Hauptwerk" empor und machte den Philosophen für den wilhelminischen Hurra-Patriotismus anschlussfähig. Durchaus mit Erfolg: Den „Zarathustra" packte man den Frontsoldaten 1914 in die Tornister. Nietzsche war seitdem politisch kontaminiert.

Zum Machtantritt der Nationalsozialisten 1933 hatte man ihn auch noch völkisch auf Linie gebracht. Dieses Geschäft besorgten der Nazi-Philosoph Alfred Bäumler sowie Richard und Max Oehler, zwei Cousins, die Elisabeth ins Archiv eingeschleust hatte. Nietzsches Plädoyer für den „guten Europäer" taten sie ab und gaben die Parodie von der „germanischen Herrenrasse" als Lehre aus. Da war es nur konsequent, Max Klingers Nietzsche-Bildnis aus dem Vestibül des Archivs wegzuräumen und Büsten von Hitler und Mussolini aufzustellen. Hitler selbst („unser herrlicher Reichskanzler", Elisabeth am 12. Mai 1933) war übrigens wiederholt zu Gast im Archiv. „Fritz wäre entzückt von diesem Mann", schrieb Elisabeth an einen ihrer Sponsoren. „Fritz", also Friedrich Nietzsche, dürfte sich im Grab gleich mehrmals umgedreht haben. Und als sei das alles nicht genug, musste am Ende auch noch eine Gedenkhalle her.

Die Planung führte zu erbitterten Auseinandersetzungen zwischen dem Architekten, den Oehlers und der Reichskanzlei, Elisabeth immer mittenmang.

Kurz nach dem Richtfest 1938 gerieten die Bauarbeiten an der Gedenkhalle ins Stocken. Das Ganze hatte ein Nachspiel, das den Irrsinn des Projekts illustriert: Eines Tages traf eine antike Dionysos-Statue am Weimarer Bahnhof ein, Mussolinis persönliches Geschenk, das zwei Jahre lang mit der Eisenbahn unterwegs gewesen war. Leider passte die Statue nicht in die vorgesehene Nische. Das war im Januar 1944, als es auch schon keinen Duce mehr gab.

Das hat Elisabeth nicht mehr erlebt. Hochbetagt starb sie 1935. Ihre Falschmünzerei wurde in ihrem Ausmaß erst 1945 bekannt, aber es vergingen noch Jahre, bis die ersten Bände der Kritischen Gesamtausgabe erschienen und die Textgrundlage für eine sorgfältige Nietzsche-Lektüre geschaffen war.

Auf Karl Marx geht das Bonmot zurück, dass sich weltgeschichtliche Tatsachen und Personen zweimal ereignen, das eine Mal als Tragödie, das andere Mal als Farce. Das hier skizzierte Nachleben Nietzsches in Weimar ist Tragödie und Farce zugleich.

Robert Huefner

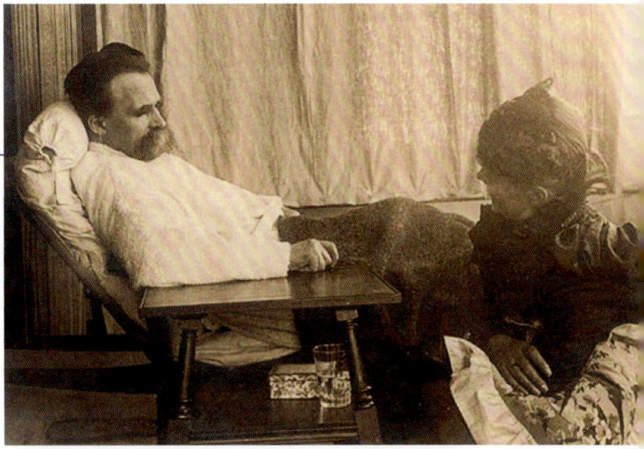

Der Philosoph und seine Interpretin: Friedrich und Elisabeth auf einer zeitgenössischen Fotografie von 1889

September

Darin liegt der Adel
und die Schönheit
des Glaubens:
dass wir das Herz haben,
etwas zu wagen.

John Henry Newman

Freundinnen fürs Leben

Rut und Noomi

Eine Hungersnot in Juda zwingt eine vierköpfige Familie zur Flucht nach Moab. Dort heiraten die Söhne in einheimische Familien ein. Dann sterben nacheinander alle drei Männer. Übrig bleiben Noomi und ihre zwei moabitischen Schwiegertöchter Orpa und Rut – drei mittel- und schutzlose Witwen, die zwar geduldet sind, aber im sozialen Abseits stehen und von Almosen leben müssen.

So unglücklich das Buch Rut beginnt, so märchenhaft ist sein Ende. Noomi geht in ihre Heimat Juda zurück, Rut weicht nicht von ihrer Seite, sondern versorgt ihre Schwiegermutter mit dem Wenigen, das ihr die Nachlese auf den abgeernteten Feldern einbringt. Dabei gerät sie auf das Feld des Großgrundbesitzers Boas, der mit Noomis verstorbenem Mann verwandt ist und der Rut mit großem Respekt behandelt. Noomi entwickelt einen Plan, den Rut ins Werk setzt und der aufgeht. Am Ende ist Noomi versorgt, Rut verheiratet und ein Kind geboren, das die davidische Dynastie Israels begründen wird. Die Moabiterin Rut ist also Urgroßmutter von König David und Stammmutter Jesu.

Das Buch Rut ist ein Frauenbuch. Es erzählt von Frauen aus weiblicher Perspektive. Ruts Elternhaus ist nicht das Haus des Vaters, sondern das der Mutter. Weiblich ist die Öffentlichkeit von Bethlehem – „Frauen" und „Nachbarinnen". Auch die Genealogie des Volkes Israel wird weiblich buchstabiert: Als Begründer von Israel ist nicht Jakob genannt, das wäre die konventionelle, androzentrische Sichtweise, sondern es sind „Rahel und Lea, die beide das Haus Israel gebaut haben". Schließlich schenkt Rut ihren Sohn auch nicht ihrem Mann Boas, wie man(n) annehmen würde,

„Noomi ist ein Sohn geboren" – die Szene erinnert an Darstellungen der Heiligen Familie, kommt aber ganz ohne Mann aus. Illustration aus einer viktorianischen Bibel

sondern ihrer Freundin Noomi. „Deine Schwiegertochter, die dich geliebt hat", sagen die Frauen zu Noomi, „hat ihn geboren, die dir mehr wert ist als sieben Söhne. Und Noomi nahm das Kind und legte es auf ihren Schoß und ward seine Wärterin. Und ihre Nachbarinnen gaben ihm einen Namen und sprachen: Noomi ist ein Sohn geboren" (4,15.16).

Zunächst mag diese merkwürdige Personenkonstellation verwirren: Schwiegermutter und Schwiegertochter, Mann und Frau, Enkel und Großmutter – heute würde man sagen: eine moderne Patchworkfamilie. Der Beziehung von Noomi und Rut widmet die Erzählung besondere Aufmerksamkeit. Die ausländische Rut braucht die einheimische Noomi, um im fremden Land Fuß zu fassen, und die alte Noomi braucht die junge Rut, die auf die Felder geht und Ähren einsammelt. Das klingt nach wechselseitiger

Abhängigkeit, aber es ist viel mehr. Schon im ersten Kapitel des Buches Rut kündigt sich das an: „Wo du hingehst, da will ich auch hingehen; wo du bleibst, da bleibe ich auch. Dein Volk ist mein Volk, und dein Gott ist mein Gott. Wo du stirbst, da sterbe ich auch, da will ich auch begraben werden."

Ruts anrührende Verse sind ein Trauspruch-Klassiker, und das aus gutem Grund. Sie rekurrieren auf den sogenannten Bräutigamsjubel aus der Paradiesgeschichte: Ein Mann wird „seinen Vater und seine Mutter verlassen und seiner Frau anhangen" (1. Mose 2,24). Rut verlässt Vater, Mutter, Vaterland und Volk und hängt Noomi an, wie die erste Frau dem ersten Mann anhängt. Das „Anhangen" ist nur ein anderes Wort für ein unauflösliches Bündnis, das als *die* tragende Lebensgemeinschaft sogar über der Ehe der Titelheldin mit Boas steht.

Insofern ist Boas, der Rut auf ihren Vorschlag hin heiraten möchte, mit der Situation konfrontiert, dass Rut nicht ohne Noomi zu „haben" ist. Es ist eine weitere Besonderheit des Buchs Rut, dass hier zwei Akte verwandtschaftlicher Solidarität zusammengeführt werden: die Schwagerehe, die den Kreis der Verpflichteten erweitert und zugleich auf eine Ausländerin ausgedehnt wird, und die „Lösung" des Familienerbes, das heißt Boas' Rückkauf des Landes, das Noomis verstorbener Ehemann besessen hatte. Beide Handlungen sind einem rechtlichen Regelwerk unterworfen, das Boas ausführlich und einvernehmlich mit den Ältesten von Bethlehem bespricht.

Das Buch Rut ist damit auch eine weiblich prononcierte Gegengeschichte gegen das Verbot der Mischehe, das zum Beispiel die Propheten Esra und Nehemia ausdrücklich fordern. Nicht die Herkunft, sondern allein das Handeln macht die Person aus. Was Rut tut, tut sie aus menschlicher Güte heraus – Gleiches gilt auch für Noomi –, es wird an keinem Punkt infrage gestellt, sondern auf ihm ruht Gottes Segen.

Reinhard Jensen

Der römische Brunnen

Meyers lyrisches Meisterwerk

Aufsteigt der Strahl und fallend gießt
Er voll der Marmorschale Rund,
Die, sich verschleiernd, überfließt
In einer zweiten Schale Grund;
Die zweite gibt, sie wird zu reich,
Der dritten wallend ihre Flut,
Und jede nimmt und gibt zugleich
Und strömt und ruht.

Conrad Ferdinand Meyer

Neulich im Olymp

Warum es keine epochalen Dichtergrößen mehr gibt

Es ist nicht allzu lange her, da wurden von den Schicksalsgöttinnen die Menschenlose des kommenden Jahrhunderts – jetzt das unsere – gewoben und gestaltet. Die schwerwiegenden und die im Alltagsgeleise leicht hingleitenden, die dunkeln und die hellen waren bestimmt. Über Glück und Unglück und über alles, was sie herbeiführt, war verfügt. Nur eines blieb noch vorzunehmen, eine schwierige Verteilung – die des dichterischen Genius.

„Tun wir einmal etwas Außerordentliches!", sagte die jüngste der Schwestern, „schenken wir den ganzen Reichtum einem einzigen Sterblichen, lassen wir den einen die poetische Leuchte des ganzen nächsten Zeitalters sein."

Die zweite Schwester war mit dem Vorschlag einverstanden, die älteste nicht – durchaus nicht! Wovon lebt der Olymp? – Von der Tradition. An der Tradition darf nicht gerüttelt werden. Wie sie es bestimmt, sollen auch im kommenden Zeitalter einige Auserwählte mit einer der höchsten Gaben des Göttervaters begnadet werden.

Die jüngeren Schwestern beharrten auf ihrer Meinung, ein Streit entbrannte, wurde immer heftiger, zog immer weitere Kreise, und bald beteiligte sich an ihm der ganze Olymp.

Kupido, der in den Armen seiner Mutter eingeschlafen war, erwachte über dem Lärm und sah verdrossen um sich. Auf dem Altar vor den Schicksalsgöttinnen stand ein ihm unbekanntes Ding: eine geschlossene Schale aus verdichtetem, zugeschliffenem Äther, in der es geheimnisvoll qualmte und wallte und mit dem Glanze von hundert Sonnen glühte. Geblendet, von einer wilden Laune

Am liebsten wäre Marie von Ebner-Eschenbach (1830–1916) Theaterautorin geworden. Als eins ihrer Stücke von der Presse verrissen wurde, wandte sie sich der Prosa zu und wurde zu Österreichs bekanntester Schriftstellerin. Die (männliche) Literaturkritik beurteilt ihr Werk heute zuweilen herablassend, es fallen Begriffe wie „kitschig" und „heruntergekommenes Biedermeier". Dazu wäre ihr sicher einiges eingefallen. Zum Beispiel: „Eine gescheite Frau hat Millionen geborener Feinde: alle dummen Männer." Um sich von ihnen zu erholen, hat die Freifrau auch mal Karten gespielt, hier mit ihren Kolleginnen und Freundinnen Betty Paoli und Ida von Fleischl. Fotografie von 1890

erfasst, lief das Knäblein hinzu, ergriff die Schale und schleuderte sie in weitem Bogen in den Weltenraum hinab.

Das herrliche Gefäß zerschellte an Monden und Sternen, und sein himmlischer Feuerstrom ergoss sich, in einen Funkenregen zerstiebend, über die Erde.

Dort sieht man jetzt unzählige große und kleine Lichter glänzen – nirgends aber lodert eine Flamme.

Marie von Ebner-Eschenbach

Alte Sachlichkeit und Neues Bauen

Kirchen in der Weimarer Republik

Mit Kriegsende 1918 war das deutsche Kaiserreich Geschichte. Es gab einen Modernisierungsschub, der die ganze Gesellschaft erfasste, entsprechend auch die christlichen Kirchen. Der deutsche Protestantismus erlebte ihn als Kulturschock und reagierte mehrheitlich mit Abwehr.

Der Kirchenbau der Moderne macht dies besonders anschaulich. „Angesagt" war die Funktionalität des neuen Bauens, verkörpert durch Architekten wie Walter Gropius und ins Werk gesetzt durch das Bauhaus in Weimar, später in Dessau. Die evangelische Auffassung von Sakralarchitektur hielt dagegen. Konventionelle und historisierende Formen mit moderat modernen Zutaten – so könnte man den überwiegenden Anteil der damals neu gebauten Kirchen charakterisieren. Für dieses konservative Bauprogramm steht der Name des Architekten German Bestelmeyer (1874–1942), der bei seinen Kirchengebäuden Elemente des sogenannten Heimatstils einfließen ließ: traditionelles Handwerk, heimisches Baumaterial. Der knapp zehn Jahre jüngere Otto Bartning (1883–1959) dagegen zählt zur architektonischen Avantgarde. Sie blieb während der Dauer der Weimarer Republik die Ausnahme und sollte erst nach dem Untergang des sogenannten „Dritten Reichs" stilbildend werden.

Veronika Bremer

Zwei evangelische Auferstehungskirchen, zwei Bauprogramme: Von German Bestelmeyer stammt die Kirche auf der Schwanthaler Höhe in München, 1930–1931 (oben); die historische Abbildung links zeigt Bartnings revolutionäres Gegenstück von 1929–1930. Die Essener Auferstehungskirche wurde im Zweiten Weltkrieg zerstört und 1948 in vereinfachter Form wiederaufgebaut

Trotzdem bete ich

Moderner Psalm zu op. 50 c

O du mein Gott: Alle Völker preisen dich
und versichern dich ihrer Ergebenheit.
Was aber kann es dir bedeuten,
ob ich das auch tue oder nicht?
Wer bin ich, dass ich glauben soll,
mein Gebet sei eine Notwendigkeit?
Wenn ich Gott sage, weiß ich,
dass ich damit von dem Einzigen, Ewigen,
Allmächtigen, Allwissenden und Unvorstellbaren spreche,
von dem ich mir ein Bild weder machen kann noch soll.
An den ich keinen Anspruch erheben darf oder kann,
der mein heißestes Gebet erfüllen
oder nicht beachten wird.

Und trotzdem bete ich, wie alles Lebende betet;
trotzdem erbitte ich Gnaden und Wunder, Erfüllungen.

Trotzdem bete ich,
denn ich will nicht des beseligenden Gefühls der Einigkeit,
der Vereinigung mit dir, verlustig werden.

O du mein Gott, deine Gnade hat uns das Gebet gelassen,
als eine Verbindung, eine beseligende Verbindung mit dir.
Als eine Seligkeit, die uns mehr gibt als jede Erfüllung.

Arnold Schönberg

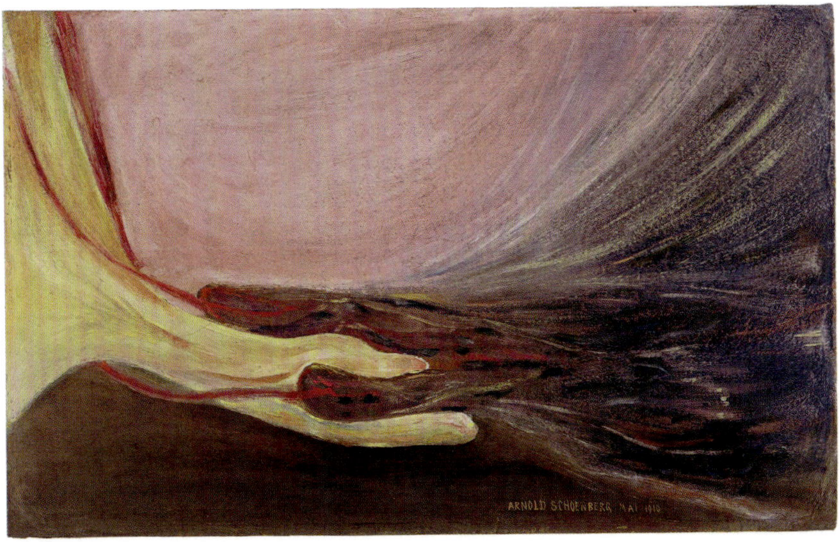

Arnold Schönberg, Bund, 1910, Öl auf Pappe.

Arnold Schönberg (1874–1951) war Komponist, Dichter und Maler – und Erfinder: Er entwickelte ein Schachspiel für vier Personen, entwarf Möbel und Schreibutensilien und erdachte ein Notenschreibprogramm für seine berühmte Zwölftonmusik

Oktober

Die Schönheit der Welt
ist das Zeichen
eines Liebesaustauschs
zwischen dem Schöpfer
und der Schöpfung.

Simone Weil

Begegnung in Tyrus

Die kanaanäische Frau

Als er am weitesten von zu Hause entfernt ist, hat Jesus eine Begegnung, die sein Denken und Wirken beeinflusst.

Für die Person ist den Evangelisten keine andere Bezeichnung eingefallen als „Griechin" (Markus) oder „kanaanäische Frau" (Matthäus). Sie hat keinen Eigennamen und lebt in Syrophönizien nahe Tyrus am Mittelmeer. Für Jesus, den Judäer, ist sie eine Ausländerin. Ihre Begegnung bedeutet für beide eine Grenzüberschreitung. Jesus hat sich nach der Sturmstillung auf dem See Genezareth gerade außer Landes begeben. Dort ruft ihm eine Fremde zu: „Herr, du Sohn Davids!" und übertritt damit die Trennlinie der Feindschaft zwischen Israel und anderen Völkern. In Jesus erkennt sie den Messias Israels und verknüpft diese Erkenntnis sogleich mit der Hoffnung, dass er auch ihr, der Fremden, helfen würde, denn ihre Tochter ist „von einem bösen Geist übel geplagt" (Matthäus 15,22).

Jesus reagiert nicht. Seinen Jüngern sagt er kurz und bündig: „Ich bin nur gesandt zu den verlorenen Schafen des Hauses Israel." (15,24)

Aber die Frau gibt keine Ruhe. Sie tritt heran, kniet nieder und bittet noch einmal um Hilfe. Nun antwortet Jesus ihr direkt, aber mit abweisenden Worten: „Es ist nicht recht, dass man den Kindern ihr Brot nehme und werfe es vor die Hunde." So berichtet es Matthäus. Bei Markus heißt es: „Lass zuvor die Kinder satt werden" (Markus 7,27). Was ja wenigstens den Gedanken einschließt: Anschließend kann ich mich um dich kümmern.

Die kanaanäische Frau, im Bett ihre kranke Tochter, und Jesus, der sich von der Bittstellerin abwendet. Aus „Les Très Riches Heures", dem Stundenbuch des Herzogs von Berry, Tempera auf Pergament, 15. Jahrhundert

---

„Es ist nicht recht", sagt Jesus – und da greift die Frau zu einer rhetorischen Finte. Sie stimmt ihm zu, „Ja, Herr", und zugleich verkehrt sie ihre Zustimmung in eine Widerrede, „doch essen die Hunde von den Brosamen, die vom Tisch ihres Herrn fallen" (Matthäus 15,27).

Hierzu ist es wichtig zu wissen, dass Juden das Wort „Hund" für Nichtjuden gebrauchten, weil es für sie ebenso wahrscheinlich war, dass Nichtjuden den Segen Gottes empfangen würden, wie Hunde. Das soll allerdings nicht etwa heißen, dass sich Jesus erst dann erbarmt, wenn man sich selbst zuvor bis zum Hunde-Platz hinab erniedrigt. Umgekehrt ist es viel wichtiger, dass in der Erwiderung der Frau aus den *Kindern* Israels, von denen Jesus gesprochen hat, *Herren* werden. Wenn die Herren essen, fällt auch für die Hunde etwas ab.

Die Sturheit der kanaanäischen Frau erwächst aus ihrer innigen Verbundenheit mit ihrer kranken Tochter; zugleich registriert sie Jesu Sturheit in seiner innigen Verbundenheit mit dem eigenen Volk. Und stur vertraut sie darauf, dass Gottes Segen für sein Volk zum Segen für alle Menschen werden kann. Jesu Kehrtwende kommt überraschend: „Frau, dein Glaube ist groß! Dir geschehe, wie du willst", sagt er zu ihr (15,28). Ihr Kind ist geheilt.

Für Luther ist die Kanaanäerin ein Glaubensvorbild: Wie sie sollen auch wir „das tiefe heimliche Ja unter und über dem Nein mit festem Glauben auf Gottes Wort fassen".

Die Begegnung mit der fremden namenlosen Frau hat Jesu Haltung verändert. Von nun an wendet er sich nämlich *allen* Menschen zu, er fragt nicht mehr nach Religion, Herkunft oder Geschlecht, sondern er überschreitet sämtliche Grenzen. Sichtbar wird dies in der neuerlichen Speisung von 4000 Menschen am See Genezareth (Markus 8,1-9).

Im Ausland, am nördlichen und äußersten geografischen Scheitelpunkt seiner Wanderschaft, ereignet sich Jesu Wandlung. Als Nächstes begibt er sich nach Galiläa und kündigt dort an, nach Jerusalem und damit in seine Heimat Judäa zu ziehen, um seine Mission zu erfüllen.

Martin Hüls

Gib mir

Bitte, ganz unbescheiden

Gib mir
für das Wunderbare,
das in mir steckt,
die Zeit,
die es zum Wachsen braucht,
die Liebe,
die es zum Blühen bringt,
die Begeisterung,
die es strahlen lässt,
die Fantasie,
die es lebendig erhält,
und den Zauber,
der es schützt.

Luise Neuheimer

Also wächst des Menschen Speise

Zum Erntedankfest

O Gott, von dem wir alles haben,
die Welt ist ein sehr großes Haus;
du aber teilest deine Gaben
recht wie ein Vater drinnen aus.
Dein Segen macht uns alle reich;
Ach, lieber Gott, wer ist dir gleich?

Wer kann die Menschen alle zählen,
die heut' bei dir zu Tische geh'n?
Doch muss die Nahrung keinem fehlen;
denn du weißt allen vorzusteh'n
und schaffest, dass ein jedes Land
sein Brot bekommt aus deiner Hand.

Du machst, dass man auf Hoffnung säet
und endlich auch die Frucht genießt.
Der Wind, der durch die Felder wehet,
die Wolke, die das Land begießt,
des Himmels Tau, der Sonne Strahl
sind deine Diener allzumal.

Und also wächst des Menschen Speise,
der Acker selbst wird ihm zu Brot;
es mehret sich vielfält'gerweise,
was anfangs schien, als wär es tot,
bis in der Ernte jung und alt
erlanget seinen Unterhalt.

Nun, Herr, was soll man noch bedenken?
Der Wunder sind hier gar zu viel.
So viel als du kann niemand schenken,
und dein Erbarmen hat kein Ziel;
denn immer wird uns mehr beschert,
als wir zusammen alle wert.

Wir wollen's auch keinmal vergessen,
was uns dein Segen träget ein;
ein jeder Bissen, den wir essen,
soll deines Namens Denkmal sein,
und Herz und Mund soll lebenslang,
für unsere Nahrung sagen Dank.

Kaspar Neumann

Gibt's doch gar nicht!

Aber seine Popularität ist ungebrochen: das Einhorn

Einhörner finden wir auf Wappen, in Spielzeugläden, als Darstellung über Apotheken, als aufblasbares Schwimmtier im Freibad und seit jüngerer Zeit auch als Emoji.

Dafür, dass das Einhorn ein Fabelwesen ist, gibt es aus allen Jahrhunderten erstaunlich viele Berichte von Menschen, die eins gesehen haben (wollen), meist weit entfernt irgendwo in Asien oder Afrika, wo sowieso keiner hinkam. Verwechslungen mit dem Nashorn sind da nicht auszuschließen. Oder man hat sich von einer antiken Darstellung narren lassen, auf der eine Art Antilope in strenger Seitenansicht zu sehen ist, sodass das zweite Horn hinter dem anderen verschwindet.

Dass wir Kenntnis von etwas haben, das es nie gegeben hat, verdanken wir auch dem „Physiologus", einem frühchristlichen Naturkundebuch, das Steine, Pflanzen und Tiere nach ihrer Funktion für die christliche Heilslehre befragt. Über das Einhorn ist dort neben

Die mystische Einhornjagd im Weimarer Schlossmuseum: Die lateinischen Schriftbänder der Hunde unten im Bild lauten „Mitleid", „Wahrhaftigkeit", „Gerechtigkeit" und „Friedfertigkeit". Der Erzengel Gabriel posaunt anstatt eines „Halali" ein „Ave Maria" heraus, und in der Bildmitte oben rutscht das Jesuskind auf göttlichen Strahlen Richtung Maria. Meister des Allendorfer Altars, Öl auf Holz, um 1490

vielen anderen Dingen zu erfahren, dass es wild ist und nur von einer Jungfrau gebändigt werden kann. Und dass es selbst Christus symbolisiert.

Im Mittelalter sind etliche Bilder entstanden, die man heute als mystische Einhornjagd bezeichnet. Es ist eine Darstellungsform der Verkündigung und Menschwerdung Jesu über den Umweg einer Jagdszene. Wobei von Jagd im herkömmlichen Sinne nicht die Rede sein kann. Der Erzengel Gabriel scheucht vielmehr ein Einhorn in den Schoß der Jungfrau Maria, und damit es an der richtigen Stelle landet, wird es von freundlichen Hunden dorthin geleitet. Die verkörpern, oftmals durch Aufschriften oder Schriftbänder verdeutlicht, die Tugenden, die Jesus dazu gebracht haben, seinen Platz an der Seite des himmlischen Vaters zu verlassen und sich für die Menschen hinzugeben.

Anscheinend haben die Reformatoren sich über die katholische Sakralkunst, die ein Fabelwesen verwendet, lustig gemacht; jedenfalls wurde die weitere Verwendung des Einhorns auf dem Konzil von Trient (1545–1563) verboten. Aber im Alltag hielt man doch daran fest, denn dem Horn des Einhorns sprach man heilende Kräfte zu. In Apotheken wurde es klein gemahlen und portionsweise als Mittel gegen Vergiftung, Pest und Aussatz verkauft. Dafür behalf man sich mit Ainkhürn, den Einhorn-ähnlichen Narwal-Zähnen, die an den Meeresküsten angespült wurden.

Bleibt noch der Hinweis auf die Entdeckung des großen Universalgelehrten Gotthold Wilhelm Leibniz. In allen erdenklichen Wissensgebieten hat er Bedeutendes geleistet, auch in der Paläontologie. Aus Knochenfunden rekonstruierte er das Skelett eines Einhorns. Das ist allein deshalb schon bemerkenswert, weil es Einhörner, wie wir gesehen haben, nie gegeben hat. Aber auch ein Leibniz konnte mal danebenliegen.

Julia Lenz

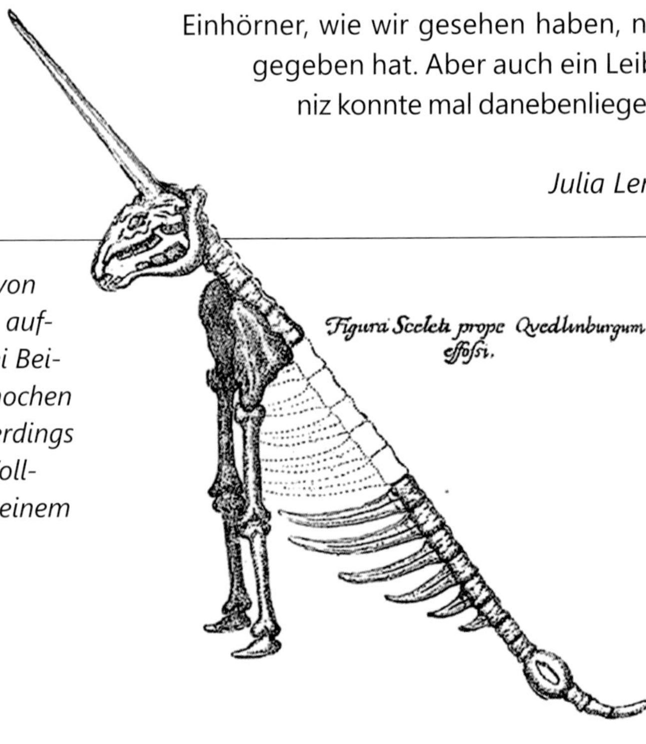

Das Einhorn von Leibniz stand aufrecht auf zwei Beinen. Seine Knochen stammen allerdings von einem Wollnashorn und einem Mammut

Nicht herrschen, sondern helfen!

Unbequemer Vorschlag zum Reformationstag

Die Kirche ist nur Kirche, wenn sie für andere da ist. Um einen Anfang zu machen, muss sie alles Eigentum den Notleidenden schenken. Die Pfarrer müssen ausschließlich von den freiwilligen Gaben der Gemeinden leben, eventuell einen weltlichen Beruf ausüben.

Sie muss an den weltlichen Aufgaben des menschlichen Gemeinschaftslebens teilnehmen, nicht herrschend, sondern helfend und dienend. Sie muss den Menschen aller Berufe sagen, was ein Leben mit Christus ist, was es heißt, „für andere da zu sein".

Speziell wird unsere Kirche den Lastern der Hybris, der Anbetung der Kraft und des Neides und des Illusionismus als den Wurzeln allen Übels entgegentreten müssen. Sie wird von Maß, Echtheit, Vertrauen, Treue, Stetigkeit, Geduld, Zucht, Demut, Genügsamkeit, Bescheidenheit sprechen müssen. Sie wird die Bedeutung des menschlichen Vorbildes (das in der Menschheit Jesu seinen Ursprung hat und bei Paulus so wichtig ist!) nicht unterschätzen dürfen; nicht durch Begriffe, sondern durch „Vorbild" bekommt ihr Wort Nachdruck und Kraft.

Dietrich Bonhoeffer

November

Der Herr sieht nicht so sehr
auf die Größe der Werke,
wie auf die Liebe,
mit der sie getan werden.

Teresa von Ávila

Lob der Hausfrau?

Weisheit und weibliches Lebensmanagement

Michelangelos ikonische „Erschaffung Adams" zeigt Gott vor einem großen roten Tuch. Mit dem rechten Zeigefinger ruft er Adam ins Leben, seinen linken Arm hat er um eine Frau gelegt – als hätte er Eva schon mal mitgebracht. Ob es sich um Eva handelt, ist umstritten. Eine andere Lesart interpretiert die Frau als Verkörperung der Weisheit, einer schöpferischen Kraft, die Gott, Mensch und Welt verbindet und die von Anfang an „dabei" war. Im alttestamentlichen Buch der Sprüche Salomos finden wir ihre „Autobiografie": „Der Herr hat mich schon gehabt im Anfang seiner Wege, ehe er etwas schuf, von Anbeginn her. Ich bin eingesetzt von Ewigkeit her, im Anfang, ehe die Erde war. Als die Tiefe noch nicht war, ward ich geboren... Als er die Himmel bereitete, war ich da" (Sprüche 8,22-24.27). Als selbstbewusste Frau tritt die Weisheit in den Sprüchen an die Öffentlichkeit und weist den Weg in ein gelingendes Leben, dessen Dreh- und Angelpunkt die Ehrfurcht vor Gott ist. Ohne Orientierung an Gott ist Weisheit nicht zu haben.

Die Sprüche Salomos laufen auf ein bemerkenswertes Finale zu. Ihr letztes

Kapitel, die Belehrung eines Sohnes durch seine Mutter, schließt nach einer Vorrede mit einem Alphabetpsalm bzw. einem alphabetischen Akrostichon: Die Anfangsbuchstaben der Verse und Abschnitte 10–30 entsprechen in ihrer Reihenfolge dem hebräischen Alphabet, das mit Aleph anfängt und mit Taw endet. Allein schon die kunstvolle Textgestalt (die in der deutschen Übersetzung verloren geht) verlangt besondere Aufmerksamkeit.

Gegenstand des Akrostichons ist die Frau. Salopp gesagt: Frau Weisheit, die der Text damit erdet. „Eine tüchtige Frau – wer kann sie finden?", lautet der Aleph-Vers in der Einheitsübersetzung. Wobei „tüchtig" das hebräische „chajil" nur unzureichend wiedergibt. „Chajil" heißt Stärke, Kraft, Fähigkeit, auch Reichtum. Wir finden diese Zuschreibung nur noch ein zweites Mal im Alten Testament, nämlich in der Charakterisierung von Rut, einer Frau von beeindruckender Stärke und Willenskraft, im gleichnamigen Buch (3,11). Die Frau, um die es am Ende der „Sprüche" geht, ist ihrem Mann

herzlich zugetan, managt und versorgt Familie und Bedienstete; sie leitet einen landwirtschaftlichen Betrieb; sie handelt und führt selbstständige Rechtsgeschäfte durch, importiert und verkauft und stellt selbst Waren her; sie unterstützt die Armen; sie lehrt, und was sie lehrt, ist von Güte geprägt.

Es ist, würde man heute sagen, das Idealbild einer „Powerfrau", die weit über das hinausgeht, was wir mit der „tüchtigen Frau" assoziieren, mit der die Lutherbibel den Abschnitt überschreibt. Da schwingt doch etwas zu viel Hausfrau mit, deren Leben durch die ominösen drei K – „Kinder, Küche, Kirche" – ihre traditionelle Begrenzung erfährt.

Interessanterweise hat die katholische Kirche das Akrostichon für den Gottesdienst am 33. Sonntag im Lesejahr A als alttestamentliche Lesung vorgesehen. Dass eine Frau für ihre vielfältigen Aktivitäten gepriesen wird, wirkt schon mal sehr modern. Allerdings ist der Lesungstext stark gekürzt. Vorgelesen werden die Verse 10-13, 19-20 und 30-31. Ausgeklammert sind damit gerade die Abschnitte, in der die Frau in ökonomischen und juristischen Angelegenheiten unterwegs ist. Was übrig bleibt, ist der liebevolle Umgang mit dem Ehemann, das Hantieren mit Wolle und Flachs, die Ausgabe von Almosen und die Mahnung, dass Anmut und Schönheit nichts sind im Vergleich zur Gottesfurcht. In heutigen Ohren klingt das schon wieder sehr gestrig und vor unserem geistigen Auge entsteht, was wir Frauen überwunden glaubten: das fleißige Heimchen am Herd.

Zugegeben, der vollständige Alphabetpsalm zeichnet ein Ideal, das kaum von einer einzelnen Person erfüllt werden kann. Eher spricht er von „Handlungsmöglichkeiten", so die Marburger Theologieprofessorin Christl Maier. Trotzdem darf man(n) festhalten: Was für ein positives, wertschätzendes Bild von der Frau wird hier gezeichnet.

Regina Kroll

Spätjahr

Legenden und Pfefferkuchen

Ja … nun geht's dem Winter zu,
Und die Dämmerwochen
Kommen auf befilztem Schuh
Heimlich angekrochen.

Erst bringt Sankt Martinus her
Leib- und Seelenfutter:
Jener schätzt die Gänse mehr,
Dieser mehr den Luther.

Freilich schon nach kurzer Zeit
Leert der brave Christe,
Schwarz umwogt vom Büßerkleid
Seine Sündenkiste.

Aber dann begeht er froh
Anderweite Data:
Niklas und Conceptio
– hm – immaculata.

Nach Legenden riecht die Luft
Und nach Pfefferkuchen …
Und *wir* sollten diesen Duft
Kritisch untersuchen?

Dr. Owlglass

Das Hohelied der Liebe

Gebet

Brenne an in unsern Herzen als heiliges Feuer die Liebe, die langmütig ist und freundlich, nicht missgünstig ist, nicht Mutwillen treibt, nicht aufbläht. Die Liebe, die sich nicht ungebärdig stellt, nicht das Ihre sucht, sich nicht verbitten lässt, nicht nach Schaden trachtet. Die Liebe, die sich nicht freut an der Ungerechtigkeit, sondern an der Wahrheit. Die Liebe, die alles erträgt, alles glaubt, alles hofft, alles duldet.

Diese Liebe gib uns, o Vater, als Begleiterin auf unserer Lebensbahn, sie verkläre unser Herz und unser Leben, von hier aus flamme ihre Verklärung über unser Haus und unsere Gemeinde. Sie heilige all unser Tun, mildere unsern Eifer, sei unsere Trösterin bei den Urteilen der Welt und unseres Gewissens.

Sie sei unsere Sonne, wenn es dunkel wird für uns auf Erden, und wenn der Leib zerfällt, so sei sie unsere Brücke, auf welcher der entbundene Geist in deine Arme eilt, o Vater, der du die Liebe bleibst von Ewigkeit zu Ewigkeit. Amen.

Søren Kierkegaard

Alles wird gut

Zum Ewigkeitssonntag am 23. November

Mitten im Leben sind wir vom Tod umfangen, sagt ein alter Hymnus. Das ist die Erfahrung vieler, die am Toten- oder Ewigkeitssonntag um ihre verstorbenen Angehörigen trauern. Der Tod erscheint übermächtig, weil nun ein tragender Teil weggebrochen und das Leben gefühlt kein Ganzes mehr ist, weil sich über diesem „Nie mehr" Gott verfinstert hat. Novemberstimmung. Da hilft auch mir manchmal das Lesen in der Bibel nicht. Es scheint wie ein Umherirren im Herbstnebel.

Doch manchmal geschieht es. Auf einmal steht es da, das Lichtwort, das die Buchstabendecke wegreißt: „Und ich sah einen neuen Himmel und eine neue Erde. Denn der erste Himmel und die erste Erde sind vergangen ... Und Gott wird abwischen alle Tränen von ihren Augen, und der Tod wird nicht mehr sein, noch Leid noch Geschrei noch Schmerz wird mehr sein. Denn das Erste ist vergangen. Und der auf dem Thron saß, sprach: Siehe, ich mache alles neu!" (Offenbarung 21,1-5)

Manche Worte der Bibel sind gar nicht nebulös. Sie sind zu schön, um nicht wahr zu sein. Die Verse aus der Johannesoffenbarung gehören für mich dazu. Die Wahrheit ihrer Worte kann ich nicht

beweisen. Aber es kann sie mir auch keiner nehmen. Die Worte sagen uns: Alles wird neu. Alles wird heil. Niemand geht verloren.

„Und ich sah einen neuen Himmel und eine neue Erde." Die Sehnsucht nach dem Neuen ist etwas Zauberhaftes. Wir können als Menschen gar nicht sein ohne sie – auch wenn sie uns nun auf eine schmerzhafte Weise einholt: doch noch einmal neu anfangen können, mit denen zu leben, die wir verloren haben! Damit wir dieses Mal vermeiden, was wir falsch gemacht haben. Das ist ja oft das Schlimmste am Tod eines geliebten Menschen: Erst wenn die Beziehung abgebrochen ist, kommt es uns wie eine Anklageschrift vor Augen, was wir schuldig geblieben sind an Liebe, Verstehen, gemeinsamer Zeit.

Wir brauchen Gegenbilder, um uns nicht einzukapseln in der Traurigkeit – und um uns die Hoffnung zu bewahren. Die zitierten Bibelverse malen ein großartiges Gegenbild gegen die gefühlte Übermacht des Todes. Unsere Welt mit ihren Todesspuren ist nicht alles und nicht das Letzte – sie ist umschlossen von Gottes Ewigkeit.

Eigentlich sprengt die Dimension Ewigkeit all unsere Vorstellungen. Ewigkeit: Das ist das schlechthin Undenkbare und Unsagbare. Um so eindrücklicher, wie die Offenbarung Ewigkeit veranschaulicht: „Und ich sah die heilige Stadt, das neue Jerusalem ..." Es ist das Bild der Stadt. Stadt bedeutet Lebendigkeit, Vernetzung, Beziehung, ein Bild für die Wirklichkeit, in der die totale Beziehungslosigkeit, die der Tod bedeutet, überwältigend überwunden ist. Statt Stummheit und Erstarrung das Gegenteil: endlich Schalom, endlich heiles Zusammensein mit Gott und miteinander. „Siehe da, die Hütte Gottes bei den Menschen – er wird bei ihnen wohnen": Die „ewige Gottesstadt" als der Ort, wo wir endlich aus Machenden, Müssenden, Habenden einfach nur Seiende werden, die von dem oft so mühsamen Glauben gegen den Augenschein ins nicht mehr enden wollende Schauen, ins Genießen der Gegenwart Gottes gelangen.

„Und Gott wird abwischen alle Tränen." Unter den vielen Bildern, die die Bibel für Gott hat, ist dieses eines der schönsten. In Gottes zukünftiger Welt wird nicht mehr sein, was unsere Welt so leidvoll ausmacht. Da wird es Tränen, Vergeblichkeit, Krankheit und Tod nicht mehr geben. Kein Krieg, kein Flüchtlingslager, kein Hunger. Depressive werden ihr Leben nicht mehr wegwerfen. Niemand mehr wird sich verbissen selbst optimieren, weil alle spüren, dass sie unabhängig von ihrer Leistung wertvoll sind.

Von uns aus gesehen ist und bleibt es so: Die Tränen sind uns oft näher als das Lachen. Die kühnen Hoffnungsbilder der Bibel nehmen uns nicht den Schmerz, wenn wir an unsere Toten denken. Aber nun sagt uns der biblische Glaube, dass die alte Welt, die mit dem Tod ihren letzten Triumph feiert, nicht das letzte Wort behält.

In alten theologischen Lehrbüchern wurde die Lehre von den „Letzten Dingen" – Tod, Gericht, Auferstehung, Ewigkeit – mit dem lateinischen Ausdruck „De novissimis" überschrieben, frei übersetzt: „Über die allerletzten Neuigkeiten". Wo wir also meinen, mit unserem Latein am Ende zu sein, verspricht uns die Bibel, dass wir für unsere Toten und für uns selbst von Gott her allerletzte Neuigkeiten erfahren werden. Am Ende wartet noch nie Gehörtes, nie Gesehenes auf uns. Der große Theologe Karl Barth hat gesagt: „Die christliche Hoffnung auf den neuen Himmel und die neue Erde ist das Revolutionärste, was man sich denken kann."

So möchte ich für all unsere Toten hoffen, dass Gott sie willkommen heißt und ihnen sagt: Es war nicht umsonst! Du hast unendlichen Wert, du hast nicht vergeblich gelebt! Unsere Erfahrung „Mitten im Leben sind wir vom Tod umfangen" ist nicht der Schlusssatz im Buch unseres Lebens. Der lautet umgekehrt: „Mitten im Tod sind wir vom Leben umfangen." Gott gebe uns und allen Trauernden, dass wir das glauben können.

Markus Engelhardt

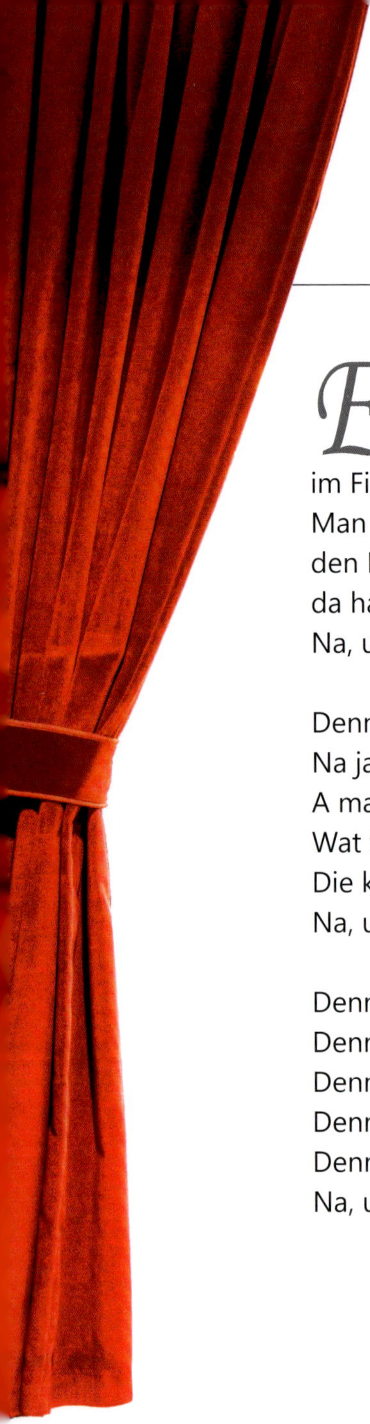

Na, un denn – ?

Wie es nach dem Happy End weitergeht

Es wird nach einem happy end
im Film jewöhnlich abjeblendt.
Man sieht bloß noch in ihre Lippen
den Helden seinen Schnurrbart stippen –
da hat sie nun den Schentelmen.
Na, un denn – ?

Denn jehn die beeden brav ins Bett.
Na ja … diss is ja auch janz nett.
A manchmal möchte man doch jern wissn:
Wat tun se, wenn se sich nich kissn?
Die könn ja doch nich imma penn …!
Na, un denn – ?

Denn säuselt im Kamin der Wind.
Denn kricht det junge Paar 'n Kind.
Denn kocht sie Milch. Die Milch looft üba.
Denn macht er Krach. Denn weent sie drüba.
Denn wolln sich beede jänzlich trenn …
Na, un denn – ?

Denn is det Kind nicht uffn Damm.
Denn bleihm die beeden doch zesamm.
Denn quäln se sich noch manche Jahre.
Er will noch wat mit blonde Haare;
vorn doof und hinten minorenn ...
Na, un denn –?

Denn sind se alt.
Der Sohn haut ab.
Der Olle machtnu ooch bald schlapp.
Vajessen Kuss und Schnurrbartzeit –
Ach, Menschenskind, wie liecht det weit!
Wie der noch scharf uff Muttern war,
det is schon beinah nich mehr wahr!
Der olle Mann denkt so zurück:
Wat hat er nu von seinem Jlück?
Die Ehe war zum jrößten Teile
vabrühte Milch un Langeweile.
Und darum wird beim happy end
im Film jewöhnlich abjeblendt.

Kurt Tucholsky

Endlich ist es soweit!

Am 30. November beginnt die Adventszeit

Der Advent ist eine Zeit des Wartens und der Vorfreude. Die Seele atmet auf, wenn das graue Winterdunkel vom Schein der ersten Adventskerze erhellt wird. Woche für Woche wird es heller. Adventskränze schmücken Wohnzimmer, öffentliche Gebäude und Plätze. Wissen Sie, woher die Tradition des Adventskranzes stammt?

Er wurde 1839 von dem Theologen Johann Hinrich Wichern erfunden. Er hatte ein Herz für verarmte Kinder aus Elendsvierteln, gab ihnen in seinem „Rauhen Haus" ein neues Zuhause und mit der Ausbildung dort eine Perspektive. Die Kinder fühlten sich wohl im Rauhen Haus und so wurde aus dem Rettungshaus bald ein richtiges Rettungsdorf. Immer mehr Jungen und Mädchen kamen hinzu.

Jeden Abend gab es eine Andacht, aber besonders spannend war sie im Advent. Johann Hinrich Wichern erzählte dann von Jesus und dessen Geburt, die wir an Weihnachten feiern. Die Kinder waren aufgeregt und konnten es kaum abwarten. Immerzu fragten sie. „Wann ist endlich Heilig Abend?“ Da kam Wichern eine Idee.

Es war der 30. November 1839. Er holte ein altes Wagenrad und setzte vier weiße Kerzen darauf. Zwischen sie setzte er rote Kerzen. „Die weißen Kerzen stehen für die vier Adventssonntage. Die roten für die Wochentage dazwischen“, erklärte er den Kindern und hing den Holzleuchter im Betsaal auf. Dann entzündete er ein Streichholz und ergänzte: „Von nun an zünden wir jeden Tag eine Kerze an, so lange bis Heilig Abend ist und alle Kerzen brennen.“

Den Kindern gefiel die Idee und nicht nur ihnen. Bald erfreute sich der Adventskranz auch außerhalb des „Rauhen Hauses“ großer Beliebtheit und entwickelte sich über die Jahre hin zu unserem heutigen Kranz mit den vier Kerzen.

Aus dieser Idee leitete sich eine weitere ab: 1851 gab es die ersten Adventskalender. Seither wird auch jeden Tag im Advent ein Türchen geöffnet.

Angela Weigel

Dezember

Leben heißt:
Strahlen ewigen Lebens
auffangen und weitergeben.

Friedrich von Bodelschwingh

Unmögliche Verhältnisse

Maria und Elisabeth

Die klassische biblische Weihnachtserzählung aus dem Lukasevangelium – „Es begab sich aber zu der Zeit …" – steht im 2. Kapitel; dem voraus geht eine ausführliche Vorgeschichte im 1. Kapitel, und hier spielen Frauen die Hauptrolle: Maria und Elisabeth. Kein Wunder, denn hier geht es um Schwangerschaft und Geburt, also urweibliche Themen. Die Väterrollen sind da eher nebensächlich: Elisabeths Mann Zacharias gibt ein wenig ruhmreiches Bild ab, und Josef hat zumindest an dieser Stelle außer einem ordentlichen Stammbaum („vom Hause David") nichts beizutragen.

Die Umstände sind für beide Frauen problematisch oder zumindest doch sehr speziell, denn es handelt sich um Schwangerschaften, die eigentlich gar nicht sein dürften. Die eine, Elisabeth, ist zu alt, nämlich eigentlich längst aus dem „gebärfähigen Alter" heraus, und zudem erklärtermaßen „unfruchtbar". Die andere, Maria, ist zu jung, jedenfalls ist eine Schwangerschaft bei ihr noch nicht „dran", denn sie ist unverheiratet, aber gottesfürchtig, das heißt, ein uneheliches Kind ist für sie ganz undenkbar. So wird die grundierende „Unmöglichkeit" des Ganzen denn auch von Gottesbote Gabriel direkt angesprochen, er betont: „Bei Gott ist kein Ding unmöglich." Glaubenssache. Die Kinder, die aus alledem hervorgehen sollen, sind schon in ihrer Ankündigung tief verwurzelt im Glauben dieser Frauen, dem jüdischen Glauben: Der eine wird „im Geist und in der Kraft des Elia" wirken (Vers 17), dem anderen wird Gott „den Thron seines Vaters David geben" (32).

Für Elisabeth ist diese Schwangerschaft ein großes Glück, hundertfach von Gott erbeten, denn Kinderlosigkeit bedeutete

Ikone aus der Chiesa di Santa Croce in Bari, Italien

seinerzeit eine „Schmach unter den Menschen", von der sie nun befreit ist. Andererseits ist die Situation herausfordernd. Elisabeth zieht sich für fünf Monate völlig aus der Öffentlichkeit zurück, wohl nicht zuletzt, um Fragen und Kommentaren auszuweichen. Erschwerend kommt hinzu, dass ihr Mann die Sprache verloren hat, und das soll auch bis zur Geburt so bleiben.

Die andere, Maria, hat einen bedeutend schwereren Stand. Sie weiß gar nicht, wie ihr geschieht. Zwar hat sie zugestimmt: „Mir geschehe, wie du gesagt hast", aber wie soll das alles werden? Aber halt, hatte der Engel nicht gesagt: „Elisabeth, deine Verwandte, ist auch schwanger mit einem Sohn"? Zu der wird sie gehen, ja, „eilen". Was läge näher? Bei der älteren Verwandten – vielleicht Tante oder Cousine, jedenfalls kennt man sich –, ein gutes Stück voraus an Schwangerschaftsmonaten und Lebenserfahrung, kann sie auf Verständnis und Zuwendung hoffen.

In der Kunstgeschichte finden sich zahlreiche Darstellungen, die den anrührenden Augenblick dieses Zusammentreffens festhalten. Was anmutet wie eine Alltagsszene, geht aber so gar nicht alltäglich weiter. Als die ratlose junge Maria und die einsame, einsiedlerische Elisabeth aufeinandertreffen, ereignet sich wahrhaftig Weltbewegendes. Das beginnt ganz konkret körperlich. Maria wird auf ihr Grußwort hin sofort als Mutter des Heilands erkannt: Das Kind in Elisabeths Bauch, erklärtermaßen „von Mutterleib an erfüllt ... mit dem Heiligen Geist", hüpft vor Freude. Zugleich beginnt

Elisabeth, aus selbiger Geistkraft heraus prophetisch zu reden. Sie gewinnt Vollmacht, Maria Gottes Segen zuzurufen: „Gesegnet bist du unter den Frauen!" Prophetisch reden, das heißt: Gott spricht direkt aus dem Munde eines Menschen. Welch eine Zusage für die schwangere junge Frau! Die ihrerseits beginnt anstelle einer Antwort ebenfalls eine prophetische Rede. Es ist ihr großer Auftritt, der berühmte Gesang der Maria, das Magnifikat: „Meine Seele erhebt den Herrn..." Das große Hoffnungslied, in dem vorweggenommen wird, wofür ihr Kind einmal stehen und einstehen wird, Gotteslob und Revolutionslied zugleich: „Er stößt die Gewaltigen vom Thron und erhebt die Niedrigen...", Zeit der Gerechtigkeit, das beginnende Gottesreich. Bis heute zählt es zu den großen Texten der Bibel, ganz zentral in der Befreiungstheologie, viel zitiert in der ganzen Christenheit. In wenigen Sätzen weitet sich da der Horizont vom Persönlichen – „er hat große Dinge an mir getan" – zum Welt- und Zeitumspannenden, hin zu allen „Niedrigen" und „Hungrigen", zu allen Kindeskindern bis zu den Nachkommen „in Ewigkeit".

Eine besondere Dynamik gewinnen diese Worte durch den Gegensatz zwischen der „Niedrigkeit" der „Magd" und den starken Worten. Da wird schon das Gottesreich aufgerichtet – aus dem Munde einer jungen schwangeren Frau, fast noch ein Kind, in ungesicherten Verhältnissen, eine für die damalige Zeit kaum zu überbietende Verkörperung von Schwäche und Hilflosigkeit. Aus der Begegnung dieser beiden Frauen ist schon Großes geboren, ist Göttliches auf die Erde gekommen.

„Und Maria blieb bei ihr etwa drei Monate", schließt der Text ganz lapidar. Eine Zeit, in der die beiden Frauen einander stützen und stärken. Diese Stärkung wird fürs Leben reichen müssen. Es ist bedrängend, daran zu denken, wie es diesen Kindern, Johannes und Jesus, ergehen wird. Ihre Lebensspanne wird kurz sein, ihr Ende voller Schrecken. Was bleiben wird, ist der Segen, den sie von Mutterleib an auf die Erde gebracht haben.

Astrid Meinbrok

Der Abend horcht nach innen

Aus der Sammlung „Advent" von 1897

Der Abend kommt von weit gegangen
durch den verschneiten, leisen Tann.
Dann presst er seine Winterwangen
an alle Fenster lauschend an.

Und stille wird ein jedes Haus;
die Alten in den Sesseln sinnen,
die Mütter sind wie Königinnen,
die Kinder wollen nicht beginnen
mit ihrem Spiel. Die Mägde spinnen
nicht mehr. Der Abend horcht nach innen,
und innen horchen sie hinaus.

Rainer Maria Rilke

Besinnliche Adventszeit!

„O Heiland, reiß die Himmel auf" von Friedrich Spee

1.
O Heiland, reiß die Himmel auf,
herab, herab vom Himmel lauf,
reiß ab vom Himmel Tor und Tür,
reiß ab, wo Schloss und Riegel für.

2.
O Gott, ein' Tau vom Himmel gieß,
im Tau herab, o Heiland, fließ.
Ihr Wolken, brecht und regnet aus
den König über Jakobs Haus.

3.
O Erd, schlag aus, schlag aus, o Erd,
dass Berg und Tal grün alles werd.
O Erd, herfür dies Blümlein bring,
o Heiland, aus der Erden spring.

Auf dem Tisch eine Kerze, ein Arrangement aus frischem Tannengrün und Glitzersternen, dazu Tee und Gebäck: So lassen wir uns den Advent gefallen. Ein Licht in der Dunkelheit, Düfte, behagliche Stille. Aufatmen, entspannen, besinnlich-adventliche Musik.

Besinnlich? Nein, ganz im Gegenteil! Laut wird es in unserem Lied! Wie in einem Wolkenbruch soll der Heiland herabkommen. Unwichtig, woher er kommt – Hauptsache: Er kommt! Er, das Licht der Welt, triumphiert über die Finsternis.

Nicht besinnlich soll uns die Adventszeit machen, sondern uns zur Besinnung bringen und in Bewegung setzen, soll uns wachrütteln auf die Ankunft des Herrn hin.

Wer nun immer noch glaubt, das sei ihm alles allzu fremd, der erinnere sich an seine Kindheit. Wir konnten doch gar nicht schnell genug auf den Beinen sein, um morgens das Türchen am Adventskalender aufzuklappen, warteten ungeduldig, bis endlich die zweite, dritte, vierte Kerze feierlich angezündet wurde. Kinder erleben diese adventliche Aufgeregtheit noch ganz unmittelbar; lassen wir uns also ruhig von ihrer Unruhe anstecken.

Jakob Schröder

4.
Wo bleibst du, Trost der ganzen Welt,
darauf sie all ihr Hoffnung stellt?
O komm, ach komm vom höchsten Saal,
komm, tröst uns hier im Jammertal.

5.
O klare Sonn, du schöner Stern,
dich wollten wir anschauen gern;
o Sonn, geh auf, ohn deinen Schein
in Finsternis wir alle sein.

6.
Hier leiden wir die größte Not,
vor Augen steht der ewig Tod.
Ach komm, führ uns mit starker Hand
vom Elend zu dem Vaterland.

7.
Da wollen wir all danken dir,
unserm Erlöser, für und für;
da wollen wir all loben dich
zu aller Zeit und ewiglich.

Der Zauber dieser stillen Zeit fängt sich im Kerzenschein. Auf Tannenzweig und grünem Kranz, umwirbt er uns im Flammentanz und zieht mit weihnachtlichem Glanz in unsre Herzen ein.

Anika Menger

Jetzt ist die Zeit der tausend Lichter, sie erstrahlen wunderschön, sie zaubern ein Lächeln auf Gesichter, von Menschen, die vorübergehen.

Wilma Teschner

Rollenspiel

Ochs und Esel heute

In den Evangelien werden sie nicht einmal erwähnt, und doch gehören sie zum Standardpersonal einer jeden Weihnachtskrippe: Ochs und Esel. Dafür gesorgt hat der Kirchenvater Origenes (185–254). Bei der Lektüre des Prophetenbuchs Jesaja stieß er auf die Bibelstelle: „Ein Ochse erkennt seinen Herrn und ein Esel die Krippe seines Herrn; aber Israel erkennt's nicht, und mein Volk versteht's nicht." Die innerjüdische Kritik Jesajas an den treulosen Israeliten hat Origenes großzügig umgedeutet. Indem er sie auf die Geburt Jesu bezog, hat er sie, typisch für seine Zeit, mit einer bösartigen antijüdischen Beschimpfung aufgeladen. Das Gottesvolk habe, im Unterschied zu Ochs und Esel, den Messias einfach nicht erkannt. Dass Origines den Esel, das königliche Reittier (so der alttestamentliche Prophet Sacharja 9,9), in seiner Polemik auch noch fälschlicherweise als „unrein" bezeichnet, kommt erschwerend hinzu.

Wäre es nun, da wir diesen Subtext kennen, nicht ein Gebot der Political Correctness, Ochs und Esel aus unserer Weihnachtskrippe zu verbannen? Ich denke: Nein!, denn den beiden Tieren kann man durchaus ein Eigenleben zugestehen, und schon kommen auch ganz andere Deutungen in den Blick. Folgen wir zum Beispiel dem verstorbenen Schweizer Dichterpfarrer Kurt Marti, dann ist der Mensch, dann sind wir die Schwachstelle der Schöpfung. Die Menschwerdung Gottes in Jesus wäre also als Reparatur zu betrachten. Gott mische sich, so Marti, in unser Leben ein, damit wir eben nicht so weitermachen wie bisher. Eine heilsame Denk- und Lebensweise wird also von Ochs und Esel verkörpert: Ruhig und gelassen stehen sie an der Krippe und

In vielen Krippenszenen haben Ochs und Esel den Logenplatz direkt beim Kind

schauen voller Hoffnung, weil sie zu wissen scheinen, dass sich hier die Erlösung anbahnt.

In diese Überlegungen passt auch das sogenannte apokryphe Kindheitsevangelium des Pseudo-Matthäus, eine einflussreiche mittelalterliche Legendensammlung über Jesu Kindheit. „Am dritten Tage der Geburt unseres Herrn Jesu Christi", heißt es dort, „ging die allerseligste Jungfrau aus der Höhle heraus, begab sich in den Stall und legte ihren Knaben in eine Krippe. Sogar die Tiere, Ochs und Esel, zwischen denen er lag, beteten ihn unaufhörlich an." Die Tiere beten. Uns ist es überlassen, es ihnen nachzutun. Vielleicht schauen uns deshalb Ochs und Esel auf so vielen alten Krippendarstellungen, auf Glasfenstern, Gemälden, Skulpturengruppen, direkt ins Gesicht. Sie appellieren an uns, endlich umzukehren und einen Weg zu betreten, der dem Heil der gesamten Schöpfung dienlich ist.

Mechthild Ruef

Segen

Gebet zum neuen Jahr

Gott,
hilf uns, nach der Wahrheit zu suchen.
Hilf uns, die Dinge zu hinterfragen
und sie mit deinen Augen zu sehen,
den Augen der Liebe.

Schenke uns ein weites Herz
und einen scharfen Verstand;
lass unsere Sehnsucht nicht müde werden,
auch nicht unsere Kraft zur Hingabe;
stärke unsere Geduld
und hilf uns, die Ohren füreinander offen zu halten.

Bewahre uns vor Hochmut und Besserwisserei;
unser Wissen ist Stückwerk und wird es bleiben.
Sei du bei uns, schenke uns Weisheit
und begleite du uns mit deinem Segen.

Hilf, dass wir zum Segen für andere
und für deine ganze Schöpfung werden.
Amen.

Albrecht Fischer-Braun

Chronik

vor 100, 50, 25 Jahren

Kalendarium

2025

Chronik

1925

Vor 100 Jahren kam Sieger Köder in Wasseralfingen bei Aalen auf die Welt. Er zählt zu den bekanntesten christlichen Künstlern des 20. Jahrhunderts. Bis ins hohe Alter schuf er u. a. Wandgemälde, Teppiche, Bildfenster und Skulpturen vor allem für Kirchen und Kapellen in seiner Heimat, dem Ostalbkreis. Köder starb 2015 im Alter von 90 Jahren.

1975

Vor 50 Jahren rief die UNO-Generalversammlung das Internationale Jahr der Frau aus. In Island zeigte sich besonders deutlich, was Frauen bewirken können: 90 Prozent von ihnen gingen bei einer landesweiten Aktion im Herbst einen Tag lang nicht zur Arbeit und legten damit das gesamte Land still.

2000

Vor 25 Jahren trat Ex-Bundeskanzler Helmut Kohl im Zuge der Parteispendenaffäre von seinem Amt als CDU-Ehrenpräsident zurück. Generalsekretärin Angela Merkel nutzte die Gelegenheit, sich für den Platz an der Parteispitze zu positionieren, und wurde einige Wochen später zur CDU-Bundesvorsitzenden gewählt.

Januar

Monatsspruch

Jesus Christus spricht: Liebt eure Feinde; tut denen Gutes, die euch hassen! Segnet die, die euch verfluchen; betet für die, die euch beschimpfen! Lukas 6,27-28

Mi	1	Neujahr	
Do	2		
Fr	3		
Sa	4		
So	5	2. So. n. Weihnachten	
Mo	6	Epiphanias/Hl. Drei Könige	
Di	7		☽
Mi	8		
Do	9		
Fr	10		
Sa	11		
So	12	1. Sonntag n. Epiphanias	
Mo	13		○
Di	14		
Mi	15		
Do	16		
Fr	17		
Sa	18		
So	19	2. Sonntag n. Epiphanias	
Mo	20		
Di	21		☾
Mi	22		
Do	23		
Fr	24		
Sa	25		
So	26	Letzter Sonntag n. Epiphanias	
Mo	27		
Di	28		
Mi	29		●
Do	30		
Fr	31		

Chronik

1925

Vor 100 Jahren wurde Alfred Grosser geboren. Der Politikwissenschaftler und Publizist gilt als *der* Chronist der deutsch-französischen Politik nach 1945. Aufgewachsen ist er in Frankfurt am Main, ab 1933 lebte er in der französischen Emigration.

1975

Vor 50 Jahren entführten Terroristen der „Bewegung 2. Juni“ den Berliner CDU-Vorsitzenden Peter Lorenz. Bei einem Gefangenenaustausch stellte sich Pastor Heinrich Albertz als Geisel zur Verfügung. Fünf freigepresste Terroristen konnten im Südjemen untertauchen. Anfang März kam Lorenz wieder frei.

2000

Vor 25 Jahren übergab der Herzog von Kent zum 55. Jahrestag der Zerstörung Dresdens durch alliierte Bomber dem Dresdner Landesbischof ein neues Kuppelkreuz für die Frauenkirche. Die britische Bevölkerung hatte für das Kreuz rund eine Million D-Mark gespendet.

Februar

Monatsspruch

Du tust mir kund den Weg zum Leben. Psalm 16,11

Sa	1		
So	2	5. So. v. d. Passionszeit · Mariä Lichtmess	
Mo	3		
Di	4		
Mi	5		☽
Do	6		
Fr	7		
Sa	8		
So	9	4. So. v. d. Passionszeit	
Mo	10		
Di	11		
Mi	12		○
Do	13		
Fr	14	Valentinstag	
Sa	15		
So	16	Septuagesimä	
Mo	17		
Di	18		
Mi	19		
Do	20		☾
Fr	21		
Sa	22		
So	23	Sexagesimä	
Mo	24		
Di	25		
Mi	26		
Do	27		
Fr	28		●

Chronik

1925

Vor 100 Jahren wurde der Maler Bernhard Heisig in Breslau geboren. Trotz seiner Nähe zum SED-Staat wurde er einer der bedeutendsten deutschen Künstler der Nachkriegszeit. Eines seiner bekanntesten Werke ist das Bildnis von Helmut Schmidt, das er 1986 für die Galerie mit den Porträts der deutschen Bundeskanzler schuf. Heisig starb 2011 im Alter von 86 Jahren.

1975

Vor 50 Jahren überschritten nordvietnamesische Truppen die Demarkationslinie nach Südvietnam – der Anfang vom Ende eines der blutigsten Kriege im Fernen Osten. Nach der Kapitulation wurden beide Teile Vietnams 1976 zur Sozialistischen Republik wiedervereinigt.

2000

Vor 25 Jahren starb der deutsche Theologe Eberhard Bethge im Alter von 90 Jahren. Der Wegbegleiter Bonhoeffers widmete einen großen Teil seines Lebens der Herausgabe von dessen Werken und veröffentlichte 1967 mit „Dietrich Bonhoeffer" eine der großen Biografien deutscher Sprache im 20. Jahrhundert.

März

Monatsspruch

Wenn bei dir ein Fremder in eurem Land lebt, sollt ihr ihn nicht unterdrücken.

3. Mose 19,33

Sa	1		
So	2	Estomihi	
Mo	3	Rosenmontag	
Di	4	Fastnacht	
Mi	5	Aschermittwoch	
Do	6		☽
Fr	7	Weltgebetstag der Frauen	
Sa	8		
So	9	Invokavit	
Mo	10		
Di	11		
Mi	12		
Do	13		
Fr	14		○
Sa	15		
So	16	Reminiszere	
Mo	17		
Di	18		
Mi	19		
Do	20	Frühlingsanfang	
Fr	21		
Sa	22		☾
So	23	Okuli	
Mo	24		
Di	25		
Mi	26		
Do	27		
Fr	28		
Sa	29		●
So	30	Lätare	
Mo	31		

Chronik

1925

Vor 100 Jahren kam der Moderator Hans Rosenthal in Berlin auf die Welt. Er war einer der großen deutschen TV-Entertainer, die ZDF-Ratesendung „Dalli Dalli" zählte zu den beliebtesten Unterhaltungsshows der Republik. Rosenthal, der die Nazizeit mit knapper Not überlebt hatte, starb 1987 im Alter von 61 Jahren.

1975

Vor 50 Jahren gründeten Bill Gates und Paul Allen das Unternehmen Microsoft. 15 Jahre später war Gates der reichste Mann der Welt. Als Hacker hatte er begonnen und binnen weniger Jahrzehnte mit dem PC Arbeit und Leben auf der ganzen Welt revolutioniert.

2000

Vor 25 Jahren trat das deutsche Erneuerbare-Energien-Gesetz in Kraft. Sein Ziel ist eine nachhaltige Entwicklung der Energieversorgung im Interesse des Klimaschutzes. Das Gesetz wird laufend fortgeschrieben und ist bei aller Kritik im Detail ein Erfolgsmodell: Über 80 Staaten haben es inzwischen kopiert.

April

Monatsspruch

**Brannte nicht unser Herz in uns,
da er mit uns redete?**

Lukas 24,32

Di	1		
Mi	2		
Do	3		
Fr	4		
Sa	5		☽
So	6	Judika	
Mo	7		
Di	8		
Mi	9		
Do	10		
Fr	11		
Sa	12		
So	13	Palmsonntag	○
Mo	14		
Di	15		
Mi	16		
Do	17	Gründonnerstag	
Fr	18	Karfreitag	
Sa	19	Karsamstag	
So	20	Ostersonntag	
Mo	21	Ostermontag	☾
Di	22		
Mi	23		
Do	24		
Fr	25		
Sa	26		
So	27	Quasimodogeniti · Weißer Sonntag	●
Mo	28		
Di	29		
Mi	30		

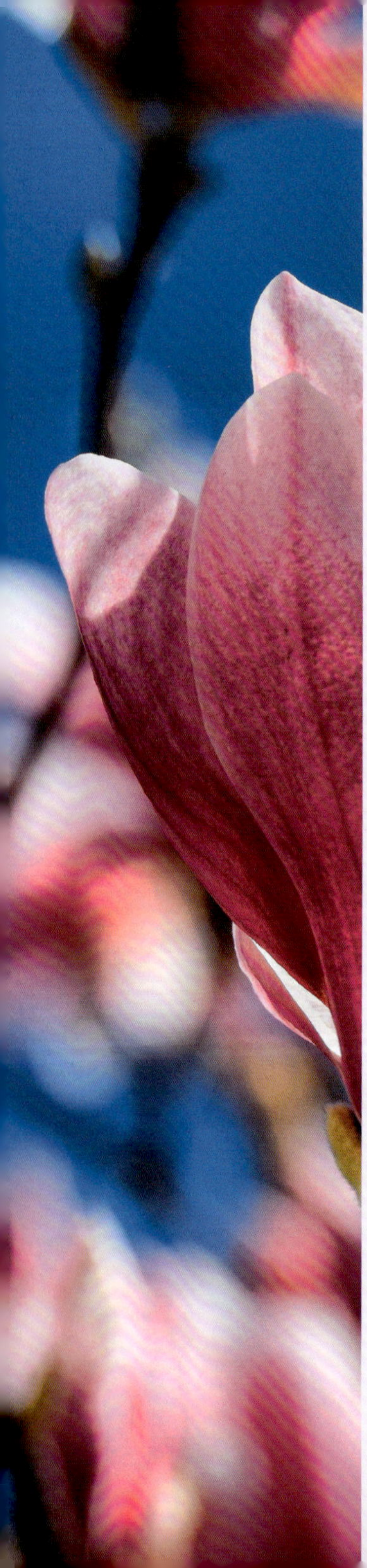

Chronik

1925

Vor 100 Jahren traten die „Chocolate Kiddies“, ein Jazzorchester aus den USA, acht Wochen lang im Berliner Admiralspalast auf. Die Musikszene der deutschen Hauptstadt war schon einiges gewohnt, aber die Rhythmen und Klänge von Duke Ellington – das war etwas ganz Neues. In der Folge schossen Jazzkapellen wie Pilze aus dem Boden.

1975

Vor 50 Jahren wurde die GEPA – Gesellschaft zur Förderung der Partnerschaft mit der Dritten Welt gegründet. Zu ihren Gesellschaftern zählen kirchliche Initiativen wie „Brot für die Welt“ und „Misereor“. Die GEPA ist inzwischen Europas größter Importeur von fair gehandelten Lebensmitteln und Non-Food-Produkten aus den Ländern der südlichen Halbkugel.

2000

Vor 25 Jahren starb Erich Mielke im 93. Lebensjahr. Als Minister für Staatssicherheit entwickelte er maßgeblich das Überwachungssystem in der DDR. Bis zu seinem Tod hielt er an seinen Überzeugungen fest. Zu seiner Bestattung in einem anonymen Urnengrab schickte der russische Geheimdienst einen Blumengruß.

Mai

Monatsspruch

Zu dir rufe ich, Herr; denn Feuer hat das Gras der Steppe gefressen, die Flammen haben alle Bäume auf dem Feld verbrannt. Auch die Tiere auf dem Feld schreien lechzend zu dir; denn die Bäche sind vertrocknet. Joel 1,19-20

Do	1	Maifeiertag	
Fr	2		
Sa	3		
So	4	Miserikordias Domini	☽
Mo	5		
Di	6		
Mi	7		
Do	8		
Fr	9		
Sa	10		
So	11	Jubilate · Muttertag	
Mo	12		○
Di	13		
Mi	14		
Do	15		
Fr	16		
Sa	17		
So	18	Kantate	
Mo	19		
Di	20		☾
Mi	21		
Do	22		
Fr	23		
Sa	24		
So	25	Rogate	
Mo	26		
Di	27		●
Mi	28		
Do	29	Christi Himmelfahrt	
Fr	30		
Sa	31		

Chronik

1925

Vor 100 Jahren trat das Genfer Protokoll zur Ächtung von chemischen und biologischen Waffen in Kraft. Zwar haben sich inzwischen fast alle Staaten der Erde dem Protokoll angeschlossen, aber Giftgaseinsätze hat es weiterhin gegeben, so etwa im syrischen Bürgerkrieg 2014.

1975

Vor 50 Jahren stimmten bei einem Referendum im Vereinigten Königreich von Großbritannien 67 Prozent der Wahlberechtigten für einen Verbleib des Landes in der EWG. Großbritannien war immer ein unbequemes Mitglied in der europäischen Staatenfamilie – bis es nach einem neuerlichen Referendum den Brexit 2020 vollzog.

2000

Vor 25 Jahren schrieb die rot-grüne Bundesregierung unter Gerhard Schröder ein neues Kapitel in der Atompolitik und leitete den Atomausstieg ein. Vor dem Hintergrund des Klimawandels ist die Kritik an der Haltung der deutschen Politik zur Kernenergie nicht verstummt.

Juni

Monatsspruch

Mir aber hat Gott gezeigt, dass man keinen Menschen unheilig oder unrein nennen darf.

Apostelgeschichte 10,28

So	1	Exaudi	
Mo	2		
Di	3		☽
Mi	4		
Do	5		
Fr	6		
Sa	7		
So	8	Pfingstsonntag	
Mo	9	Pfingstmontag	
Di	10		
Mi	11		○
Do	12		
Fr	13		
Sa	14		
So	15	Trinitatis	
Mo	16		
Di	17		
Mi	18		☾
Do	19	Fronleichnam	
Fr	20		
Sa	21	Sommeranfang	
So	22	1. Sonntag n. Trinitatis	
Mo	23		
Di	24	Johannistag	
Mi	25		●
Do	26		
Fr	27		
Sa	28		
So	29	2. Sonntag n. Trinitatis · Peter und Paul	
Mo	30		

Chronik

1925

Vor 100 Jahren wurde der deutsche Industrielle Peter Ludwig geboren. Der promovierte Kunsthistoriker, der in den Siebzigerjahren in die Leitung einer Schokoladenfabrik eintrat, war vor allem Kunstmäzen und Sammler. Das Kölner Museum Ludwig beherbergt unter anderem die größte Pop-Art-Sammlung Europas. Ludwig starb 1996.

1975

Vor 50 Jahren starb die deutsche Theologin Charlotte von Kirschbaum im Alter von 76 Jahren. 35 Jahre lang lebte sie mit dem Ehepaar Karl und Nelly Barth in einer nicht unproblematischen Dreiecksbeziehung – und wurde zur wichtigsten Mitarbeiterin eines der größten Theologen seiner Zeit.

2000

Vor 25 Jahren beschloss der Bundestag ein Änderungsgesetz zur Ächtung von Gewalt in der Erziehung. Damit hatte sich das Parlament elf Jahre Zeit gelassen. So lange lag die Forderung der UN-Kinderrechtskonvention nach gewaltfreier Erziehung für Kinder seinerzeit schon auf dem Tisch.

Juli

Monatsspruch

Sorgt euch um nichts, sondern bringt in jeder Lage betend und flehend eure Bitten mit Dank vor Gott!

Philipper 4,6

Di	1		
Mi	2		☽
Do	3		
Fr	4		
Sa	5		
So	6	3. Sonntag n. Trinitatis	
Mo	7		
Di	8		
Mi	9		
Do	10		○
Fr	11		
Sa	12		
So	13	4. Sonntag n. Trinitatis	
Mo	14		
Di	15		
Mi	16		
Do	17		
Fr	18		☾
Sa	19		
So	20	5. Sonntag n. Trinitatis	
Mo	21		
Di	22		
Mi	23		
Do	24		●
Fr	25		
Sa	26		
So	27	6. Sonntag n. Trinitatis	
Mo	28		
Di	29		
Mi	30		
Do	31		

Chronik

1925

Vor 100 Jahren beendete Carl Zuckmayer die Arbeit an „Der fröhliche Weinberg". Mit diesem Lustspiel gelang ihm der literarische Durchbruch. Es trug ihm den Kleist-Preis und so viele Tantiemen ein, dass er sich ein Haus im Salzburger Land kaufen konnte, das nach 1933 vielen Flüchtlingen als Zufluchtsort diente – bis zum „Anschluss" Österreichs an Nazi-Deutschland.

1975

Vor 50 Jahren trat die DDR der Schlussakte von Helsinki bei. Der Erfolg auf internationaler Bühne wurde innenpolitisch zum Bumerang. Ausreisewillige konnten sich nun in ihren Anträgen auf das Recht berufen, das eigene Land zu verlassen. Die Anzahl der Anträge schoss in die Höhe.

2000

Vor 25 Jahren kehrte die „Frankfurter Allgemeine Zeitung" zur alten Rechtschreibung zurück. Das Blatt begründete seine Entscheidung damit, dass die wesentlichen Ziele der vorangegangenen Rechtschreibreform nicht erreicht worden seien.

August

Monatsspruch

Gottes Hilfe habe ich erfahren bis zum heutigen Tag und stehe nun hier und bin sein Zeuge.

Apostelgeschichte 26,22

Fr	1		☽
Sa	2		
So	3	7. Sonntag n. Trinitatis	
Mo	4		
Di	5		
Mi	6		
Do	7		
Fr	8		
Sa	9		○
So	10	8. Sonntag n. Trinitatis	
Mo	11		
Di	12		
Mi	13		
Do	14		
Fr	15	Mariä Himmelfahrt	
Sa	16		☾
So	17	9. Sonntag n. Trinitatis	
Mo	18		
Di	19		
Mi	20		
Do	21		
Fr	22		
Sa	23		●
So	24	10. Sonntag n. Trinitatis • Israelsonntag	
Mo	25		
Di	26		
Mi	27		
Do	28		
Fr	29		
Sa	30		
So	31	11. Sonntag n. Trinitatis	☽

Chronik

1925

Vor 100 Jahren versammelte sich die SPD zu ihrem Parteitag in Heidelberg. Die Delegierten beschlossen ein neues Parteiprogramm, das dem marxistischen Ansatz des Erfurter Programms von 1891 folgte. Erst mit dem Godesberger Programm 1959 gelang der SPD der Durchbruch zu einer echten „Volkspartei".

1975

Vor 50 Jahren wurde die erste „tragbare" Digitalkamera entwickelt. Sie brauchte 23 Sekunden zur Speicherung eines einzigen Bildes und wog rund vier Kilogramm. Heute enthalten fast alle modernen Mobiltelefone und Smartphones eine eingebaute Digitalkamera.

2000

Vor 25 Jahren startete der Künstler Hans Haacke das Projekt „Der Bevölkerung" in einem Lichthof im Reichstagsgebäude: Ein 21 × 7 Meter großer Pflanztrog wurde mit Erde gefüllt, die die Abgeordneten aus ihren Wahlkreisen mitbrachten. Im April 2000 hatte der Bundestag die Installation mit knapper Mehrheit beschlossen.

September

Monatsspruch

Gott ist unsre Zuversicht und Stärke. — Psalm 46,2

Mo	1		
Di	2		
Mi	3		
Do	4		
Fr	5		
Sa	6		
So	7	12. Sonntag n. Trinitatis	○
Mo	8		
Di	9		
Mi	10		
Do	11		
Fr	12		
Sa	13		
So	14	13. Sonntag n. Trinitatis	☾
Mo	15		
Di	16		
Mi	17		
Do	18		
Fr	19		
Sa	20		
So	21	14. Sonntag n. Trinitatis	●
Mo	22	Herbstanfang	
Di	23		
Mi	24		
Do	25		
Fr	26		
Sa	27		
So	28	15. Sonntag n. Trinitatis	
Mo	29	Michaelistag	
Di	30		☽

Chronik

1925

Vor 100 Jahren begann die Konferenz von Locarno über europäische Sicherheitsfragen. Verträge über die Westgrenze des Deutschen Reiches und über die Entmilitarisierung des Rheinlands wurden geschlossen. Für ihre vertrauensvolle Zusammenarbeit erhielten die Außenminister Stresemann und Briand 1926 den Friedensnobelpreis.

1975

Vor 50 Jahren erschien das Album „Wish you were here" der britischen Rockband Pink Floyd. Die Begeisterung der Kritiker hielt sich allerdings sehr in Grenzen. Umso größer wurde der kommerzielle Erfolg. Mit über 20 Millionen verkauften Exemplaren zählt das Album heute zu den erfolgreichsten Titeln der Rockmusikgeschichte.

2000

Vor 25 Jahren wurden Deutschlands Buchläden mit einer Million Exemplaren von „Harry Potter und der Feuerkelch" geflutet. Das vierte von insgesamt sieben Büchern der Harry-Potter-Serie landete sogar im „Guinness-Buch der Rekorde", da es sich weltweit insgesamt über 66 Millionen Mal verkaufte.

Oktober

Monatsspruch

Jesus Christus spricht:
Das Reich Gottes ist mitten unter euch. Lukas 17,21

Mi	1		
Do	2		
Fr	3	Tag d. Dt. Einheit	
Sa	4		
So	5	16. Sonntag n. Trinitatis • Erntedankfest	
Mo	6		
Di	7		○
Mi	8		
Do	9		
Fr	10		
Sa	11		
So	12	17. Sonntag n. Trinitatis	
Mo	13		☾
Di	14		
Mi	15		
Do	16		
Fr	17		
Sa	18		
So	19	18. Sonntag n. Trinitatis	
Mo	20		
Di	21		●
Mi	22		
Do	23		
Fr	24		
Sa	25		
So	26	19. Sonntag n. Trinitatis	
Mo	27		
Di	28		
Mi	29		☽
Do	30		
Fr	31	Reformationstag	

Chronik

1925

Vor 100 Jahren kommentierte der Sportjournalist Bernhard Ernst die erste Liveübertragung eines Fußballspiels im deutschen Hörfunk. Fast wäre die Premiere misslungen, denn die Mikroanlage hatte einen technischen Defekt. Am Ende ging Ernst via Telefon auf Sendung.

1975

Vor 50 Jahren starb der letzte Diktator Westeuropas, der spanische Generalísimo Francisco Franco. Die Aufarbeitung der nach ihm benannten Ära verlief äußerst schleppend. So wurde erst 2008 das letzte Denkmal auf spanischem Boden demontiert, das den selbst ernannten „Anführer des letzten Kreuzzuges und des hispanischen Erbes" darstellte.

2000

Vor 25 Jahren starb die israelische Politikerin Leah Rabin im Alter von 72 Jahren. Sie war die Ehefrau des israelischen Ministerpräsidenten Yitzhak Rabin, der 1995 von einem religiösen Fanatiker ermordet worden war. Bis zu ihrem Tod hat Leah Rabin die Bemühungen ihres Mannes fortgesetzt und sich für eine dauerhaft friedliche Koexistenz von Palästinensern und Israelis eingesetzt.

November

Monatsspruch

Gott spricht: Ich will das Verlorene wieder suchen und das Verirrte zurückbringen und das Verwundete verbinden und das Schwache stärken. **Hesekiel 34,16**

Sa	1	Allerheiligen
So	2	20. Sonntag n. Trinitatis · Allerseelen
Mo	3	
Di	4	
Mi	5	○
Do	6	
Fr	7	
Sa	8	
So	9	Drittletzter Sonntag des Kirchenjahres
Mo	10	
Di	11	
Mi	12	☾
Do	13	
Fr	14	
Sa	15	
So	16	Vorletzter Sonntag des Kirchenjahres · Volkstrauertag
Mo	17	
Di	18	
Mi	19	Buß- und Bettag
Do	20	●
Fr	21	
Sa	22	
So	23	Letzter Sonntag des Kirchenjahres · Ewigkeitssonntag
Mo	24	
Di	25	
Mi	26	
Do	27	
Fr	28	☽
Sa	29	
So	30	1. Advent

Chronik

1925

Vor 100 Jahren wurde Hildegard Knef in Ulm geboren. Als Schauspielerin schrieb sie mit einer kurzen Nacktszene in „Die Sünderin" Filmgeschichte, arbeitete in Hollywood und machte in Deutschland auch als Sängerin Karriere. Ihr Buch „Der geschenkte Gaul" zählt zu den eindrucksvollsten autobiografischen Berichten über das Dritte Reich und die Nachkriegszeit.

1975

Vor 50 Jahren erhielt der sowjetische Physiker Andrei Sacharow den Friedensnobelpreis. Zuvor hatte er sich über 30 Jahre lang für die Demokratisierung der Sowjetunion eingesetzt. 1989 war er Gründungsvorsitzender der russischen Gesellschaft Memorial, die die Geschichte des Gulag aufarbeitet. Kurz darauf starb er mit 61 Jahren in Moskau.

2000

Vor 25 Jahren erklärten die Vereinten Nationen den 18. Dezember zum Internationalen Tag der Migranten. Arbeitsmigration, Flucht vor Krieg und den Folgen des Klimawandels haben allein zwischen 2015 und 2020 die Zahl der heimatlosen Menschen von 65 auf über 80 Millionen hochgetrieben, Tendenz weiter steigend.

Dezember

Monatsspruch

Gott spricht: Euch aber, die ihr meinen Namen fürchtet,
soll aufgehen die Sonne der Gerechtigkeit
und Heil unter ihren Flügeln.
Maleachi 3,20

Mo	1		
Di	2		
Mi	3		
Do	4		
Fr	5		○
Sa	6	Nikolaus	
So	7	2. Advent	
Mo	8		
Di	9		
Mi	10		
Do	11		☾
Fr	12		
Sa	13		
So	14	3. Advent	
Mo	15		
Di	16		
Mi	17		
Do	18		
Fr	19		
Sa	20		●
So	21	4. Advent · Winteranfang	
Mo	22		
Di	23		
Mi	24	Heiligabend	
Do	25	1. Weihnachtstag	
Fr	26	2. Weihnachtstag	
Sa	27		☽
So	28	1. So. n. Weihnachten	
Mo	29		
Di	30		
Mi	31	Silvester	

Textnachweis

Seite 8: Jonas Goebel, Gedanken zur Jahreslosung 2025, © Agentur des Rauhen Hauses Hamburg 2024; **Seite 12:** Martin Hüls, Wie Frauen die Gemeinde leiteten. Frauen in der Bibel, © beim Autor; **Seite 20:** Nicholas Stoll, Vordenker, © Agentur des Rauhen Hauses Hamburg 2024; **Seite 26:** Claudia Margraf, „Mutter aller, die da leben". Eva, © bei der Autorin; **Seite 29:** Friederike Müller, Alles Müller oder was? © Agentur des Rauhen Hauses Hamburg 2024; **Seite 32:** Thomas Hirsch-Hüffell, Der schönste Unfall, aus: Kalender „Der Andere Advent" 2022/2023, Verein Andere Zeiten e. V., Hamburg, www.anderezeiten.de; **Seite 34:** Peter Cordtmann, Pilgern vor der Haustür, © Agentur des Rauhen Hauses Hamburg 2024; **Seite 36:** Horst Hufinck, „Nicht zaudern und schwanken", © Agentur des Rauhen Hauses Hamburg 2024; **Seite 40:** Reinhard Jensen, Rechte und Pflichten. Tamar, © beim Autor; **Seite 43:** Markus Wernitzer, Frauensolidarität weltweit, © Agentur des Rauhen Hauses Hamburg 2024; **Seite 46:** Tatjana Fiegel, Wer hat's erfunden? © Agentur des Rauhen Hauses Hamburg 2024; **Seite 52:** Regina Kroll, Inbegriff der Liebe. Die Frau in Betanien, © bei der Autorin; **Seite 60:** Lothar Zenetti, Auferstehung, aus: Ders., Auf Seiner Spur. Texte gläubiger Zuversicht, © Matthias Grünewald Verlag. Verlagsgruppe Patmos in der Schwabenverlag AG, Ostfildern 2011. www.verlagsgruppe-patmos.de; **Seite 64:** Astrid Meinbrok, „Kommt in mein Haus". Lydia, © bei der Autorin; **Seite 70:** Antje Rommel, Meinen Christum, deinen Christum, © Agentur des Rauhen Hauses Hamburg 2024; **Seite 78:** Regina Kroll, Sieg der Klugheit. Abigajil, © bei der Autorin; **Seite 84:** Katharina Schiegg, Wirtschaft und Näharbeit, © Agentur des Rauhen Hauses Hamburg 2024; **Seite 90:** Astrid Meinbrok, Was wirklich zählt. Maria und Marta, © bei der Autorin; **Seite 95:** Charlotte Feldt, Schmecket und sehet!, © Agentur des Rauhen Hauses Hamburg 2024; **Seite 102:** Claudia Margraf, Durch die Hand einer Frau. Judit, © bei der Autorin; **Seite 109:** Robert Huefner, „Die Geburt der Tragödie", © Agentur des Rauhen Hauses Hamburg 2024; **Seite 114:** Reinhard Jensen, Freundinnen fürs Leben. Rut und Noomi, © beim Autor; **Seite 120:** Veronika Bremer, Alte Sachlichkeit und Neues Bauen, © Agentur des Rauhen Hauses Hamburg 2024; **Seite 126:** Martin Hüls, Begegnung in Tyrus. Die kanaanäische Frau, © beim Autor; **Seite 129:** Luise Neuheimer, Gib mir, © Agentur des Rauhen Hauses Hamburg 2024; **Seite 132:** Julia Lenz, Gibt's doch gar nicht!, © Agentur des Rauhen Hauses Hamburg 2024; **Seite 138:** Regina Kroll, Lob der Hausfrau? Weisheit und weibliches Lebensmanagement, © bei der Autorin; **Seite 143:** Markus Engelhardt, Alles wird gut, © Agentur des Rauhen Hauses Hamburg 2024; **Seite 148:** Angela Weigel, Endlich ist es soweit!, © Agentur des Rauhen Hauses Hamburg 2024; **Seite**

152: Astrid Meinbrok, Unmögliche Verhältnisse. Maria und Elisabeth, © bei der Autorin; **Seite 156:** Jakob Schröder, Besinnliche Adventszeit!, © Agentur des Rauhen Hauses Hamburg 2024; **Seite 160:** Mechthild Ruef, Rollenspiel, © Agentur des Rauhen Hauses Hamburg 2024; **Seite 162:** Albrecht Fischer-Braun, Segen. Gebet zum neuen Jahr, © beim Autor.

Die Bibelzitate sind entnommen aus: Lutherbibel, revidierter Text 2017, © Deutsche Bibelgesellschaft Stuttgart.

Die Orthographie folgt den Regeln der neuen Rechtschreibung, jedoch haben wir, wenn es uns angezeigt schien, Originalzitate und historische Texte im überlieferten Zustand belassen.

Bildnachweis

Titel: © Angelika Litzkendorf, Motiv: Biblische Frauen, © Agentur des Rauhen Hauses Hamburg 2024; **Seite 8:** © Agentur des Rauhen Hauses Hamburg 2024, Jahreslosung 2025, Motiv: Fisch; **Seite 10/11:** © iStockphoto.com/FooTToo; **Seite 13:** © dimamoroz/stock.adobe.com; **Seite 16:** © Christian Jung/stock.adobe.com; **Seite 18/19:** © Serenity-H/stock.adobe.com; **Seite 20:** © Wellcome Library, London, CC BY 4.0, via Wikimedia Commons; **Seite 22:** © Johann Gottfried Schadow, CC BY-SA 3.0, via Wikimedia Commons; **Seite 23:** © PetrusSilesius, CC BY-SA 2.0 DE, via Wikimedia Commons; **Seite 27:** © Ludwig Krug, CC BY 3.0, via Wikimedia Commons; **Seite 32:** © coco/stock.adobe.com; **Seite 35 links:** © Hedwig Storch, CC BY-SA 3.0, via Wikimedia Commons; **Seite 35 rechts:** © Lydia, CC BY-SA 3.0, via Wikimedia Commons; **Seite 37:** © Ramsch, CC BY-SA 4.0, via Wikimedia Commons; **Seite 43:** © Aitutaki, Cookinseln, © tensaibuta, CC BY 2.0, via Wikimedia Commons; **Seite 46:** © User:Clavu, CC BY-SA 4.0, via Wikimedia Commons; **Seite 47:** © Keimzelle, CC BY-SA 4.0, via Wikimedia Commons; **Seite 52 oben:** © Roman Thomas/stock.adobe.com; **Seite 52 unten:** © Mara Zemgaliete/stock.adobe.com; **Seite 53:** © 歌うカメラマン/stock.adobe.com; **Seite 54:** © Künstler unbekannt, CC BY-SA 3.0, via Wikimedia Commons; **Seite 56/57:** © Friedberg/stock.adobe.com; **Seite 60/61:** © S J Lievano/stock.adobe.com; **Seite 65:** © Ian W. Scott, CC BY-SA 3.0, via Wikimedia Commons; **Seite 67:** © Chansom Pantip/stock.adobe.com; **Seite 68 oben:** © Real_life/stock.adobe.com; **Seite 68 unten:** © plus69/stock.adobe.com; **Seite 69:** © Marcin/stock.adobe.com; **Seite 72/73:** © Andrew/stock.adobe.com; **Seite 75:** © ngupakarti/stock.adobe.com; **Seite 79:** © Elias van Nijmegen (Nijmegen 1667 - Rotterdam 1755), CC BY-SA 3.0, via Wikimedia Commons; **Seite**

80/81: © JuanFrancisco/stock.adobe.com; **Seite 86/87:** Hopfensee, © Thomas/stock.adobe.com; **Seite 91:** © askib/stock.adobe.com; **Seite 93:** © lognetic/stock.adobe.com; **Seite 96/97:** © eyewave/stock.adobe.com; **Seite 98/99:** © Pattanasak Suksri/stock.adobe.com; **Seite 105 unten:** © iStockphoto.com/igorr1; **Seite 108:** © Traveler/stock.adobe.com; **Seite 112/113 und 182:** © Mehmet Sergun/stock.adobe.com; **Seite 115:** © iStockphoto.com/JonnyJim; **Seite 117:** © Eberhard/stock.adobe.com; **Seite 121 oben:** © Rufus46, CC BY-SA 3.0, via Wikimedia Commons; **Seite 121 unten:** Evangelische Auferstehungskirche Essen/Ruhr 1930, Signatur: UniA DA 938 Nr. 2006F01813, © Universitätsarchiv der TU Darmstadt, Nachlass Bartning; **Seite 123:** © Arnold Schönberg, CC BY-SA 2.0, via Wikimedia Commons; **Seite 129:** © Lumos sp/stock.adobe.com; **Seite 130/131:** © Pixel-Shot/stock.adobe.com; **Seite 131:** © womue/stock.adobe.com; **Seite 132, 2. von unten:** © Frank Vincentz, CC BY-SA 3.0, via Wikimedia Commons; **Seite 132 unten:** © cogdogblog, CC BY 2.0, via Wikimedia Commons; **Seite 133:** © Dguendel, CC BY 4.0, via Wikimedia Commons; **Seite 135:** © kangnam/stock.adobe.com; **Seite 141 unten:** © iStockphoto.com/RuthBlack; **Seite 146/147 oben:** © Alfonso Soler/stock.adobe.com; **Seite 147 unten:** © Martin Bergsma/stock.adobe.com; **Seite 149:** © New Africa/stock.adobe.com; **Seite 150/151 und 188:** © iStockphoto.com/Jack R Perry; **Seite 153:** © Renáta Sedmáková/stock.adobe.com; **Seite 155:** © Miglena Pencheva/stock.adobe.com; **Seite 156/157:** © powerstock/stock.adobe.com; **Seite 158/159:** © 歌うカメラマン/stock.adobe.com; **Seite 161:** © iStockphoto.com/Pez Photography; **Seite 164/165:** © Micha R/stock.adobe.com. **Alle anderen:** Public Domain

Da die Texte und Bilder für diesen Band über einen längeren Zeitraum hinweg gesammelt wurden, ist es uns möglicherweise nicht in allen Fällen gelungen, die derzeitigen Rechteinhaber zu ermitteln. Ggf. bitten wir Urheber oder Verlage, mit uns Verbindung aufzunehmen.